DICTADURAS DE CRIMEN ORGANIZADO EN LAS AMÉRICAS

CARLOS SANCHEZ BERZAIN

Fondo Editorial del Interamerican Institute for Democracy

Fondo Editorial
Interamerican Institute for Democracy
2100 Coral Way. Ste. 500
Miami, FL 33145
U.S.A.
Tel: (786) 409-4554
Fax: (786) 409-4576
www.intdemocratic.org
iid@intdemocratic.org

A los jóvenes de las Américas que luchan por la libertad y la democracia, que denuncian y se movilizan contra las dictaduras de crimen organizado en Cuba, Venezuela, Bolivia, Nicaragua y en toda la región. La victoria está muy cerca gracias a su esfuerzo.

.

ÍNDICE

PRÓLOGO

Desde el final de la Segunda Guerra Mundial, a través de la Guerra Fría, y hasta el presente, las naciones de América Latina han participado en un arduo proceso para construir democracias liberales y representativas respetando el estado de derecho, la alternancia regular del poder a través de la honestidad elecciones, un poder judicial independiente y la libertad de expresión, incluido el debate político abierto y libre. Estados Unidos ha sido un socio clave de América Latina en este viaje, sirviendo de ejemplo del funcionamiento de una sociedad libre, brindando apoyo para el desarrollo, compartiendo las mejores prácticas y apoyándolos durante la Guerra Fría cuando enfrentaron la subversión armada patrocinada por el Unión Soviética y Cuba.

Este proceso alcanzó su punto álgido en septiembre de 2001, cuando los países del Hemisferio Occidental —excluyendo a Cuba— firmaron la Carta Democrática Interamericana en Lima, Perú. Ese documento histórico afirmaba que "los pueblos de las Américas tienen derecho a la democracia y sus gobiernos tienen la obligación de promoverla y defenderla".

Desafortunadamente, ese consenso democrático estaba en el proceso de ser socavado por el ascenso al poder del caudillo venezolano Hugo Chávez, un coronel del ejército que había liderado un intento de golpe anterior contra el presidente Carlos Andrés Pérez en 1992. ocho años más tarde, Chávez, esta vez haciéndose pasar por demócrata y participando en el proceso electoral, fue capaz de manipular hábilmente la frustración popular —sobre todo de trabajo y de clase baja— con el estancamiento económico y los partidos políticos tradicionales para ganar la presidencia en 1999.

Una vez en el poder, en una verdadera moda populista radical, Chávez se vio a sí mismo como la encarnación de la voluntad colectiva del "pueblo". Por lo tanto, su legitimidad no podía ser desafiada o su gobierno terminaría sin violar esa voluntad colectiva y cualquier oposición —en la política y las arenas judiciales, los medios o la sociedad civil— deben ser eliminados. Cambió el nombre del país a la "República Bolivariana de Venezuela", supuestamente en honor al héroe de la independencia latinoamericana del siglo XIX, Simón Bolívar, y luego procedió a socavar sistemáticamente las instituciones democráticas de Venezuela para garantizar su poder a perpetuidad. En economía, orgullosamente instituyó lo que llamó el "Socialismo del Siglo 21", que significó la destrucción del modelo de mercado libre "neoliberal" y la reafirmación del estado para controlar todos los aspectos de la economía.

Sin embargo, lo que diferenciaba a Chávez del caudillo latinoamericano tradicional era una agenda internacionalista agresiva e ideológica que buscaba exportar su modelo en la región, incluyendo incluso la pretensión de reunir la "Gran Colombia" de Bolívar (Venezuela, Colombia y Ecuador en una entidad única). También incluyó un antiamericanismo virulento, dedicado a confrontar y reemplazar todas las manifestaciones de la influencia de los Estados Unidos en las Américas. En este proyecto, Chávez buscó una causa común con las organizaciones criminales transnacionales como las FARC narcoterroristas colombianas Fuerzas Armadas Revolucionarias de Colombia y los regímenes autoritarios extrarregionales en Irán, Rusia y China.

Equipado con los precios récord mundiales del petróleo, el chavismo en su apogeo podría contar con el apoyo de líderes acólitos en Bolivia y Ecuador, y gobiernos amigos en Argentina, Brasil y Chile. También incluyó organizaciones regionales que excluyeron deliberadamente a los Estados Unidos, como la Alianza Bolivariana para los Pueblos de Nuestra América (ALBA), la Comunidad de Estados Latinoamericanos y Caribeños (CELAC) y la Unión de Naciones Suramericanas (UNASUR).

-oOo-

A medida que este volumen de ensayos se imprima en 2018, la buena noticia es que el modelo populista radical al estilo de Chávez está menguando, ya que los votantes latinoamericanos están rechazando su política acrimoniosa y polarizante y su economía disfuncional para un liderazgo pragmático y favorable al mercado.

Sin embargo, el legado del chavismo continúa causando grandes dificultades e inestabilidad, condiciones que no serán erradicadas pronto. Su proclamado "socialismo del siglo XXI ha traído el regreso del caudillismo, la corrupción masiva, el estado de derecho politizado, el aumento de la violencia, la supresión de la oposición y los medios independientes; y el destripamiento de las instituciones diseñadas para garantizar la supervisión y la transparencia de las personas y entidades públicas.

En Venezuela, la corrupción de las instituciones democráticas y el colapso de la economía que provocó la escasez de productos básicos y la interrupción de los servicios han convertido la vida en un infierno para los ciudadanos. Hoy, más venezolanos huyen del país como refugiados que huyen de la guerra civil en Siria.

Aún más peligroso, el establecimiento de vínculos con los cárteles de la droga, los grupos terroristas y los estados delincuentes introduce nuevas amenazas peligrosas para la paz y la seguridad en las Américas. Antes de su muerte por cáncer en 2013, Hugo Chávez cultivó relaciones con Irán y Hezbollah, Rusia, el crimen organizado ruso, China y el crimen organizado chino, así como con carteles de droga mexicanos y organizaciones criminales colombianas como las FARC. Estas relaciones no solo eran rentables, sino que sus actividades estaban dirigidas a un enemigo común, los Estados Unidos. La escala de dicho patrocinio de estado abierto y cooperación con organizaciones criminales internacionales y otras entidades deshonestas no tiene precedentes en el Hemisferio Occidental y explica por qué la región es una de las más violentas del mundo.

Como deja claro el Dr. Carlos Sánchez Berzain en la siguiente recopilación, el crimen organizado transnacional está en el corazón de casi todas las principales amenazas que enfrentan las Américas en la actualidad. Estas organizaciones corroen sistemáticamente las instituciones democráticas y el estado de derecho, socavan el buen gobierno, amenazan la seguridad ciudadana, degradan los derechos humanos básicos y obstaculizan el desarrollo económico y el comercio y la inversión legítimos.

Es más importante que nunca que Estados Unidos trabaje con socios regionales para restaurar la coalición hemisférica en apoyo de la gobernabilidad democrática y el estado de derecho y contra el crimen organizado transnacional. Los legisladores de Estados Unidos tienen muchas herramientas a su disposición, como sanciones financieras dirigidas a líderes del crimen organizado transnacional y funcionarios corruptos, y trabajan para mejorar las capacidades locales de aplicación y promover el desarrollo económico. Tales señales de compromiso proactivo de los Estados Unidos resuelven enfrentar la amenaza del crimen organizado transnacional y ofrecen asistencia crucial a los países que carecen de los recursos para enfrentar estos poderosos sindicatos.

Los legisladores de EE. UU. Harían bien en recordar también que las redes delictivas pueden mover prácticamente cualquier cosa en estos oleoductos de contrabando. Muchos de estos oleoductos conducen directamente a los Estados Unidos, lo que representa una vulnerabilidad potencial que podría ser explotada por grupos terroristas que buscan hacer daño a nuestro país. Mejorar la seguridad de los EE. UU. Significa mejorar la seguridad en nuestro vecindario. Tenemos la capacidad de hacerlo; lo que necesitamos hoy es la voluntad política.

Embajador Otto Reich
Mayo de 2018

DEMOCRACIA

CASO LEOPOLDO LÓPEZ: SENTENCIAS INFAMES SON NULAS DE PLENO DERECHO

19 de febrero de 2017

El Tribunal Supremo de Justicia de Venezuela ha producido un nuevo acto dictatorial confirmando la condena de casi 14 años de prisión contra Leopoldo López. Las dictaduras del socialismo del siglo XXI (SSSXXI) controlan y utilizan el poder judicial como eje central para el sometimiento y represión en Cuba, Venezuela, Ecuador, Bolivia y Nicaragua. Se trata de agentes políticos del régimen que con título de jueces dictan "sentencias infames", en cuyo trámite y contenido se violan los derechos humanos de los acusados con el propósito de anular opositores, amedrentar a la ciudadanía y mantener la corrupción e impunidad de los gobernantes. Las sentencias infames de las dictaduras son nulas de pleno derecho y no pueden ni deben ser aceptadas, ni reconocidas por los estados democráticos del mundo.

El caso de Leopoldo López en Venezuela es —entre otras cosas— el paradigma de la utilización de la justicia para cometer injusticia. Es la utilización política del sistema judicial para liquidar y anular líderes de oposición, es la prueba contra una dictadura que controla el poder judicial para encubrir propios delitos, es la barbarie de un sistema que en lugar de proteger los derechos humanos los viola deliberadamente, es la señal más grande de inseguridad ciudadana institucionalizada, es la vía segura para perpetrar "asesinato de la reputación". Se trata de dar valor de "cosa juzgada" a una sentencia infame que conceptualizamos como "una decisión de una autoridad judicial que en su procedimiento o contenido viola los derechos humanos".

El juzgamiento y condena del líder venezolano es solamente el más notorio de cientos de casos en la misma Venezuela, Cuba, Ecuador, Bolivia, Nicaragua y en la Argentina de los Kirchner, donde utilizando los procedimientos que deberían llamarse "legales" y obteniendo resoluciones judiciales que deberían ser de "justicia" se ha hecho y se hace todo lo contrario, violando: el "debido proceso legal", "la presunción de inocencia", "la igualdad de las partes", el principio de "juez imparcial", la "irretroactividad de la ley", la "valoración de la prueba" y todo lo que sea necesario para obtener un fallo judicial previamente determinado por el poder político, acreditando además la inexistencia de "división e independencia de los órganos del poder público".

Leopoldo López fue acusado de la muerte de 43 personas producida en el año 2014 durante manifestaciones por la democracia en Venezuela. Es técnicamente un "linchamiento" pues el proceso judicial estuvo precedido de una sentencia anunciada públicamente por el dictador venezolano y los derechos humanos del acusado fueron desconocidos. Leopoldo fue juzgado y condenado por los responsables y autores de los delitos por los que fue acusado. Con su condena el gobierno y sus operadores quedaron impunes, señalaron a su víctima y quien defendía la democracia es hoy un reo encarcelado y estigmatizado.

Esta dramática historia no es la primera y no será la última porque se trata de la "metodología represiva" que el castrismo ha implantado en su sistema del SSXXI. Cuba la aplica sistemáticamente y es notable —entre miles— el caso contra Armando Valladares que sufrió prisión por más de 22 años; la manipulación judicial de Rafael Correa para dictar sentencias en los casos *El Universo*, los 10 de Luluncoto, Isaías, Francisco Endara, los 29 indígenas de Saraguro y más; las masacres de Evo Morales desde la de Octubre de 2003 en Bolivia con los autores y beneficiarios como acusadores y gobernantes (con decretos de amnistía a su favor) y sus víctimas perseguidos, exiliados y condenados con "sentencias infames" como los miembros el Alto Mando Militar de 2003 hoy presos políticos, o los gobernadores de Pando, Beni, Tarija, Chuquisaca y Cochabamba todos perseguidos por los jueces de la dictadura, y nuevos juicios buscando transar la perpetuación del dictador; Ortega en Nicaragua ha construido su re-elección permanente con sentencias infames; la situación de miles de presos en Argentina por la acción política de los Kirchner para tomar ventaja del conflicto interno de los setentas convirtiendo la justicia en venganza y corrupción.

El asunto de fondo es que cualquier fallo o sentencia que viole los derechos fundamentales de la persona —una "sentencia infame"— no tiene jurídicamente ningún valor legal, es nula de pleno derecho, nunca ha nacido a la vida jurídica y no significa nada en un estado de derecho porque solo se puede aplicar en el ámbito de fuerza, abuso y violación a los derechos humanos que impone un régimen dictatorial mientras el opresor controla el poder. Lo tremendo es que mientras la dictadura tiene el gobierno aplica sus sentencias infames y las victimas sufren las consecuencias, pierden su libertad, sus familias son torturadas y condenadas a la pobreza, les anulan la vida política y civil y a veces hasta los conducen a la muerte; cuando la dictadura cesa los temas ya están olvidados, el daño ya está perpetrado, la revisión es imposible o si se hace tiene pocos efectos reales.

La manera de hacer frente a las sentencias infames es señalándolas, publicitando y explicando las violaciones que contienen y denunciándolas sin cansancio porque hay muchos Leopoldo víctimas de las dictaduras del SSXXI. Hay que identificar a los jueces verdugos de las dictaduras, para que ellos y sus amos sepan que no quedarán impunes. La lucha de Lilian Tintori, de las esposas y madres de los presos políticos de Venezuela, es un ejemplo. Es necesario recordar y demandar que los países con democracia, por respeto al "estado de derecho" en el que sustentan su legitimidad, NO PUEDEN APLICAR ni reconocer estas sentencias. Las sentencias infames son nulas de pleno derecho.

POLÍTICA EXTERIOR DE EEUU POR LA LIBERTAD Y DEMOCRACIA EN AMÉRICA LATINA

25 de junio de 2017

Las decisiones del Presidente de los Estados Unidos y las acciones de su gobierno respecto a los regímenes dictatoriales de Cuba y Venezuela indican los elementos de una nueva política exterior de Estados Unidos con América Latina. El anuncio de la "cancelación total del mal acuerdo con el régimen cubano", el compromiso de que "lograremos pronto una Cuba libre" y el señalamiento de que "el régimen de los Castro ha enviado armas a Corea del Norte y apoya la represión en Venezuela" realizados por el Presidente Trump, seguidos del rechazo del Departamento de Estado al pedido de Nicolás Maduro de un diálogo de alto nivel con Estados Unidos, son parte una nueva política exterior estadounidense que se muestra fundada en los principios de libertad y democracia.

Se entiende por política exterior "el conjunto de los objetivos que un estado se propone lograr respecto del comportamiento de otras entidades internacionales" y se considera integrada por las "decisiones que toma el gobierno en función de sus principios e intereses nacionales respecto a los actores del sistema internacional". Se trata de "la dimensión internacional de la estrategia de gobierno".

Cuando vemos a la nueva administración de los Estados Unidos expresar temprana preocupación y tomar acciones de presión creciente respecto al gobierno de Nicolás Maduro en Venezuela, estamos frente a una nueva política exterior confirmada el 16 de junio pasado por el Presidente de los Estados Unidos diciéndole a la dictadura de Cuba "pongan fin al abuso a los disidentes, liberen a los presos políticos, ábranse a mayores libertades políticas". La nueva política exterior de EEUU con América Latina, aunque una tardía reacción a la necesidad de defender su propia seguridad es un importante retorno a los principios de libertad y democracia y al esencial reconocimiento de "quién es el adversario".

El siglo pasado finalizó con una sola dictadura en las Américas, la Cuba castrista, cuyo final se preveía muy próximo. Pero al llegar Hugo Chávez a la presidencia de Venezuela en 1999, necesitado de seguridad y estabilidad para su frágil gobierno, buscó el apoyo castrista e hizo alianza política que proporcionó a Cuba petróleo y dinero, pero además la posibilidad de recrear su proyecto de expandir su revolución por todo el hemisferio como lo intentó con acciones armadas, terroristas y guerrilleras desde la década de los sesenta. El resultado de los recursos venezolanos malversados por Chávez y las capacidades político-criminales de Castro fue el deterioro de la democracia en las Américas, la creación y expansión de las "dictaduras del socialismo del siglo XXI" en Venezuela, Ecuador, Bolivia y Nicaragua y que pretenden tomar Colombia con la legalización política de las FARC.

Los gobiernos del proyecto bolivariano, ALBA o socialismo del siglo XXI, que hasta hace poco controlaban Argentina con los Kirchner y Brasil con Lula y Rousseff se han declarado "anti imperialistas" y proclamado enemigos de los Estados Unidos. Venezuela, Bolivia y Ecuador han expulsado a los embajadores americanos y solo Ecuador lo ha repuesto; estos mismos tres gobiernos han expulsado a la DEA rompiendo unilateralmente todos los acuerdos de lucha contra el narcotráfico; todos han retirado la ayuda militar estadounidense y han cambiado la doctrina de sus fuerzas armadas para hacerlas anti imperialistas, creando y operando la "escuela militar antiimperialista del ALBA" en Santa Cruz-Bolivia, con instructores cubanos; Ecuador ha retirado a los Estados Unidos de la Base de Manta de operaciones contra el narcotráfico; todos han comprado armas y equipos militares rusos y chinos.

Las más importantes amenazas a la seguridad regional y de los Estados Unidos en la región provienen de acciones u omisiones de estos países: el narcotráfico ha crecido con fuente de producción en las FARC de Colombia y los sindicatos cocaleros de Evo Morales en Bolivia, teniendo como eje a Venezuela y con mayor participación de Ecuador; el terrorismo de origen islámico tiene financiamiento con narcotráfico, se han visto indicios de soporte logístico y evidencias de suplantación de identidad con abiertas simpatías de los regímenes dictatoriales; la presión migratoria sobre EEUU está fundamentalmente originada por la inseguridad y amenazas que las dos anteriores situaciones producen.

En organismos internacionales Cuba tiene el control del grupo integrado además con los votos del Petrocaribe por medio del petróleo venezolano, lo que ha permitido formar un sindicato de presión en la Organización de Naciones Unidas en alianza con los adversarios de los EEUU, y controlar la Organización de Estados Americanos (OEA) a la que Cuba no quiere ni necesita reintegrarse. La penetración en organismos especializados es simplemente muy efectiva. Con la muerte de Chávez, el castrismo ha tomado el liderazgo político de América Latina. Una de las demostraciones recientes de ese poder — que aunque decreciente aún se sostiene— es el resultado de la asamblea general de la OEA en Cancún donde ya sin mayoría el castrismo ha logrado bloquear las declaraciones y sanciones contra la dictadura venezolana de Maduro.

La nueva política exterior de los EEUU en la región está indicada y ciertamente fundada en los principios de libertad y democracia, en el reconocimiento de que "existen dos Américas", la democrática bajo acoso y la dictatorial, que es una amenaza para los EEUU y está dispuesta a retener a toda costa el poder indefinido fundado en la corrupción, el crimen y la impunidad. La esperanza es una ejecución oportuna y acertada de la nueva política exterior de los EEUU.

HONOR Y GRATITUD AL DOCTOR HORACIO AGUIRRE

11 de septiembre de 2017

Nos ha dejado el Doctor Horacio Aguirre Baca, "Gran luchador por la Democracia" que dedicó su vida, talento, energía y todos sus recursos a la defensa y promoción de la libertad, la democracia y los derechos humanos en las Américas. Un visionario y emprendedor de extraordinarias virtudes e ilimitada generosidad, periodista y humanista, al que las Américas le deben muchísimo más de lo que podemos reconocer. Honor y gratitud al Doctor Horacio Aguirre.

El Diario de las Américas que el Dr. Aguirre fundó el 4 de julio de 1953 lo recuerda como, "editorialista, empresario y paladín de la libertad, impulsor de proyectos sociales y culturales" y como el patricio que "fue capaz de avizorar el futuro sociocultural y político de Miami" y de las Américas. Lo que se pueda decir queda corto porque se trató de un extraordinario humanista nacido en Estados Unidos pero latinoamericano de esencia por sus raíces nicaragüenses donde vivió en su juventud hasta que fue forzado al exilio.

Sostuvo su concepto y visión de desarrollar prensa escrita en español en los Estados Unidos para defender los derechos humanos y la democracia en la región, frente a la permanente amenaza de los enemigos de la libertad, del comunismo, del castrismo, del terrorismo, del narcotráfico y de toda forma directa o encubierta de presión contra la vida y el desarrollo de los pueblos latinoamericanos, para que, como él mismo lo decía: "los países de América Latina abracen el estado de derecho y dejen de ser productores de miseria y de exiliados políticos o migrantes forzados". El mismo era un exiliado y lideró la lucha contra las causas de lo que llamó esa forma de "crueldad sin límites que es obligar a las personas a dejar lo que quieren".

Con formación académica muy sólida y extraordinaria cultura, el Dr. Horacio Aguirre fue un intelectual de talla, como lo demuestran los editoriales del Diario las Américas —que el mismo escribía— por más de 50 años, sus brillantes exposiciones, discursos y generosos homenajes. Expositor ameno, agudo conversador y comentarista, participó activamente de la organización y desarrollo de centros intelectuales y académicos como hizo hace más de diez años con el Interamerican Institute for Democracy del que fue miembro principal del Consejo Consultivo.

En un reconocimiento en vida que varias organizaciones de la comunidad latinoamericana y de Miami ofrecieron al Dr. Horario Aguirre el 22 de julio de 2010, el notable abogado y periodista, expresando que su Patria era Nicaragua, recordaba cómo por presión de los enemigos de la libertad contra los medios de comunicación se lograba que "morían periódicos diciendo en voz alta lo que muchos decía en voz baja" en alusión a la violación de la libertad de prensa y de expresión extendida por el avance de las dictaduras en las Américas. Se puede ver y escuchar al Dr. Aguirre a los 85 años analizando la situación política de la región, dirigiendo su vibrante discurso en https://www.youtube.com/watch?v=O3aBvHVCj0w

El "Premio a los Defensores de la Libertad de Prensa en las Américas" del Interamerican Institute for Democracy lleva el nombre del "Dr. Horacio Aguirre" como reconocimiento a toda su vida de lucha por los valores de libertad. Cuando el Directorio del Instituto consultó al Dr. Aguirre y le pidió autorización, en septiembre de 2016 para poner su nombre al este Premio, el tribuno redactó en persona el párrafo que describe el galardón como "el reconocimiento a los ciudadanos que defienden la esencia de la libertad que es el derecho a la información veraz". Este 14 de septiembre los premios "DR HORACIO AGUIRRE" serán entregados al periodista Jorge Lanata de Argentina por su destacado periodismo de investigación en la lucha contra la corrupción, a Fundamedios de Ecuador por la defensa institucional de la libertad de prensa y a Hispanopost por periodismo de innovación.

El Dr. Aguirre mantuvo en la Dirección del Diario de las Américas hasta que se retiró casi a los 90 años, forzado por su deteriorada salud y presionado por la situación económica a la que su generosidad sin límites, la ayuda desinteresada que siempre brindaba y su lucha por las causas justas que no producen dinero, habían llevado a su emprendimiento de prensa. Pero continuó con su actividad intelectual y de defensa de la democracia y los derechos fundamentales asistiendo a reuniones, conferencias y coloquios; participaba activamente de la reunión mensual del "Convivio" presidido por el Dr. Virgilio Beato. La última reunión a la que asistió fue el 15 de marzo de este año en la que afirmó que "se puede vislumbrar la derrota del oprobio en Venezuela por el valor de su juventud, con la consecuencia de la pronta liberación del pueblo cubano".

Honor al Doctor Horacio Aguirre, porque honor es "gloria, buena reputación que sigue a la virtud, al mérito, a las acciones heroicas, la cual trasciende a las familias, personas y acciones mismas de quien se la granjea".

Gratitud al Doctor Horacio Aguirre por todo lo que hizo y deja como legado a la gente, a los luchadores por la libertad, a los perseguidos, a los exiliados, a los pueblos, a los periodistas, políticos y gobernantes, y a los países de las Américas; porque gratitud es el "sentimiento que nos obliga a estimar el beneficio y el favor que nos ha hecho" este gran ser humano y latinoamericano de espíritu universal.

"DOCTRINA ALMAGRO" PARA LA DEFENSA DE LA DEMOCRACIA

29 de octubre de 2017

Luis Almagro, secretario General de la Organización de Estados Americanos (OEA) ha creado una nueva doctrina de Derecho Internacional para la defensa de la democracia. La "Doctrina Almagro" se puede definir como "el estudio de la realidad objetiva de un país y el análisis de pruebas en función de los elementos esenciales de la democracia contenidos en la Carta Democrática Interamericana, la Carta de Bogotá y las normas de Derecho Internacional, para emitir un informe jurídico imparcial que indica la situación de la democracia". Es la doctrina de la verificación de los elementos esenciales de la democracia.

Ha sido iniciada por el secretario Almagro respecto a la situación de Venezuela sobre la que ya ha emitido tres informes. Se trata de un procedimiento para la defensa de la democracia que debería convertirse en usual y periódico para todos los estados miembros de la OEA y expandirse a otros organismos regionales en el marco de los objetivos de la Organización de Naciones Unidas (ONU), relativos al mantenimiento de la paz y seguridad internacionales, en base al principio de que la democracia es un derecho humano.

Una doctrina es una "norma científica, un paradigma", esto es un modelo "que suministra la base para resolver problemas y avanzar en el conocimiento", y también es "un conjunto de ideas u opiniones religiosas, políticas, filosóficas...". En el ámbito del Derecho

Internacional la doctrina es una fuente indirecta que se integra por las opiniones de los jurisconsultos, de los expertos, de las asociaciones especializadas, que tiene valor obligatorio cuando ilustra el derecho vigente y que puede estar referida a un fin "científico, práctico y/o crítico". La calificación de la doctrina Almagro es científicamente correcta porque se establece desde y en el organismo regional más importante de las Américas, tiene valor obligatorio por estar fundada en el derecho internacional vigente que incluye el cumplimiento de las obligaciones del secretario General de la OEA, y cumple finalidades críticas y prácticas.

Con esas condiciones de rigor legal y teórico, la doctrina Almagro ya forma parte del ordenamiento de la OEA, pero además debería ser integrada como un procedimiento obligatorio que incluso debería cumplirse de oficio periódicamente.

Un examen —a la luz de la doctrina Almagro— de la situación de la democracia de cada uno de los estados del sistema interamericano, cada uno o dos años, sería una cuestión más que deseable para el fortalecimiento, la defensa y el mantenimiento de la democracia en la región. D implementarse brindaría además un mecanismo de alerta temprana de los atropellos y delitos contra la democracia de los pueblos.

La doctrina Almagro en cuanto a su contenido y alcances, abarca todo el ámbito necesario para examinar la situación de un estado miembro de la OEA en materia de democracia porque abarca "el respeto a los derechos humanos y las libertades fundamentales; el acceso al poder y su ejercicio con sujeción al estado de derecho; la celebración de elecciones periódicas, libres, justas y basadas en el sufragio universal y secreto como expresión de la soberanía del pueblo; el régimen plural de partidos y organizaciones políticas; y la separación e independencia de los poderes públicos", que son, entre otros, los elementos esenciales de la democracia, obligatorios por mandato de la Carta Democrática Interamericana.

La doctrina Almagro ha nacido y se ha aplicado hasta ahora respecto a Venezuela y por su seriedad ha logrado el retorno de la OEA al respeto de sus principios, cumplimiento de sus objetivos y obligaciones legales de defensa de la democracia vergonzosamente ignorados durante la gestión del secretario Insulza. También ha conseguido que países importantes del sistema interamericano como Argentina, Brasil, Canadá, Chile, Colombia, Costa Rica, Estados Unidos, México, Panamá, Perú… señalen y sancionen a la dictadura de Nicolás Maduro que oprime al pueblo Venezolano. Ha puesto en evidencia a regímenes similares a los de Maduro en Bolivia, Nicaragua y Ecuador.

Las violaciones de derechos humanos, los crímenes y la ausencia de los elementos esenciales de la democracia que la doctrina Almagro ha señalado a la dictadura de Venezuela son un modelo repetido que se practica en Bolivia con Evo Morales, en Ecuador con Rafael Correa, en Nicaragua con Daniel Ortega y que se ha concebido en Cuba sometida por la dictadura de los Castro. La gravedad de la situación de esos países bajo regímenes de dictaduras de socialismo del siglo XXI o castrochavistas es crítica y no tardará en alcanzar la gravedad de Venezuela. Por ejemplo, en Bolivia hay más de cien presos políticos, más de 1.500 exiliados políticos y cientos de perseguidos con la judicialización de la represión dictatorial y la criminalización de la política. En Ecuador hay cientos de "sentencias infames", fallos judiciales que violan los derechos humanos, con presos, perseguidos y exiliados políticos.

Hace falta la aplicación de la doctrina Almagro a los gobernantes cuasi perpetuos de los regímenes sin estado de derecho de Bolivia y Nicaragua. Es imperativo que en Ecuador el sucesor Lenin Moreno dé muestras claras de cambio real, y en ese camino aplicar la doctrina Almagro internamente al régimen de Correa antes de que se la apliquen internacionalmente, es un mecanismo posible para el que Moreno podría incluso invitar a la OEA. La doctrina Almagro se puede aplicar a Cuba que se escuda en no haber firmado la Carta Democrática Interamericana, porque Cuba ha suscrito la Carta de Bogotá y es miembro fundador de la ONU.

Ya tenemos el precedente de Venezuela. En la defensa de la democracia y de sus elementos esenciales como los derechos humanos, el estado de derecho, las división e independencia de poderes, la libertad de prensa, las elecciones libres y limpias, la libre organización política… hay un antes y un después de la "Doctrina Almagro" que es un hito histórico en el camino de la lucha de los pueblos por la libertad.

"EL SUPREMO RECURSO DE LA REBELIÓN CONTRA LA TIRANÍA Y LA OPRESIÓN"

12 de noviembre de 2017

Ante la realidad objetiva que muestra como los regímenes dictatoriales del castrochavismo en las Américas ejercen ilegal e ilegítimamente el poder indefinido, cometiendo todo tipo de crímenes para tener impunidad, es bueno recordar que la Declaración Universal de los Derechos Humanos establece como "esencial que los derechos humanos sean protegidos por un régimen de Derecho, a fin de que el hombre no se vea compelido al supremo recurso de la rebelión contra la tiranía y la opresión", esto significa que la rebelión contra la tiranía y la opresión es un derecho, no una vergüenza ni un crimen.

Es en el preámbulo de la Declaración Universal donde se reconoce como "supremo recurso" la "rebelión contra la tiranía y la opresión". Constituye el exordio, "el origen y el principio", por eso la Declaración Universal de los Derechos Humanos afirma que "la libertad y la paz en el mundo tienen por base el reconocimiento de la dignidad intrínseca de los derechos iguales e inalienables de todos los miembros de la familia humana" y que "el desconocimiento y el menosprecio de los derechos humanos han originado actos de barbarie ultrajantes para la conciencia de la humanidad", y a continuación declara "esencial la protección de los derechos humanos por un régimen de Derecho para que el hombre no se vea compelido al supremo recurso de la rebelión contra la tiranía y la opresión".

Instituida como "esencial" la existencia de un "régimen de derecho", cuando éste es suplantado o no existe, desaparece con él "la naturaleza, lo más importante" para la protección de los derechos humanos, y como el crimen, la tiranía y el oprobio no pueden ser ni aceptados ni prolongados, los derechos humanos abren y reconocen el camino del "supremo recurso de la rebelión".

Supremo es que "no tiene superior", es el "mecanismo último y extremo para proteger los derechos humanos", y así presenta la Declaración Universal a la "rebelión contra la tiranía y la opresión", como "supremo recurso". Rebelión es "oponer resistencia", "sublevarse, levantarse, ser hostil contra la "tiranía" que se define como un "régimen de abuso o imposición en grado extraordinario" y la "opresión" cuyo concepto es "someter a una persona, a una nación o a un pueblo vejándolos, humillándolos o tiranizándolos",

Los regímenes tiránicos y opresivos de Cuba y Venezuela, de los Castro, Chávez y Maduro dan cada día prueba pública de esas condiciones; así están encaminados Bolivia con Evo Morales, Nicaragua con Daniel Ortega y Ecuador con la estructura de Rafael Correa. Las dictaduras de las Américas están en evidencia, no respetan ninguno de los elementos esenciales de la democracia de la Carta Democrática Interamericana y violan los derechos humanos como política de estado.

Cuba y Venezuela son dictaduras expuestas, tiránicas, opresivas y contumaces; Bolivia y Nicaragua se esfuerzan por mantener la simulación de democracias, pero son absolutamente opresivas y ejercen tiranía; Ecuador tiene la oportunidad de salir de similar régimen implantado por Correa con Lenin Moreno que, aunque no ha producido cambios concretos, da señales que en el imaginario colectivo son una esperanza.

Recordar que el ser humano tiene como derecho irrenunciable el "supremo recurso de la rebelión contra la tiranía y la opresión", no pretende inducir rebeliones, sino apuntar que aún es tiempo de evitarlas. Para evitar las legítimas acciones populares ya vistas y que no tardaran en reproducirse, los tiranos y opresores de los regímenes de Cuba, Venezuela, Bolivia, Nicaragua… deben dejar el poder porque están al margen de la legalidad y de la legitimidad, porque solo los sostiene la fuerza y el sistema de crimen organizado. La lucha desigual de los pueblos para recuperar su libertad y democracia está respaldada por el mundo en cumplimiento de las normas internacionales, de derecho y de la civilización universal.

Para que los pueblos oprimidos por las dictaduras castrochavistas no ejerzan el "supremo recurso de la rebelión", estos regímenes desarrollaron carrera armamentista y estructuraron monstruosos servicios de seguridad y represión; controlan todos los poderes del Estado; dictan leyes infames que en lugar de proteger violan los derechos humanos como la sarcástica "ley contra el odio" de la dictadura de Maduro en Venezuela; tienen perseguidos, presos y exiliados políticos a los que torturan física y moralmente como ejemplo disuasivo; tienen el control total de las fuerzas armadas con corrupción y narcotráfico en sus cúpulas como vergonzoso soporte de poder; han anulado la libertad de prensa usando el miedo o el soborno directo o de negocios; han dilapidado los recursos nacionales y liquidado los aparatos productivos para sumir sus pueblos en la miseria que hace a los hombres más fáciles de someter y mucho más que cada quien puede apuntar.

Cuba en un nuevo periodo especial agravado por el cambio de dictador que debe realizar en el cortísimo plazo no es precisamente estable; Venezuela se jacta de casi haber cerrado el 2017 con Maduro en el poder y haber dividido la oposición, pero tiene más crisis, probado el narcoestado, crecientes sanciones internacionales, quiebra y los jerarcas tienen miedo; Evo Morales en Bolivia intenta un nuevo fraude para nombrar jueces y digita otra "sentencia infame" para prorrogarse indefinidamente contra la voluntad popular que lo derrotó el 21F, pero ya es un dictador afamado constructor de un narcoestado; los Ortega en Nicaragua acaban de consumar otro fraude en las municipales y se esfuerzan por tapar su corruptela pero, todos ellos saben que están obligando a los seres humanos a ejercer más pronto que tarde el "supremo recurso de la rebelión contra la tiranía y la opresión".

EL LÍMITE DEL DERECHO PROPIO ES EL DERECHO DE LOS DEMÁS

19 de noviembre de 2017

Para mantenerse indefinidamente en el poder simulando democracia, los regímenes del castrochavismo realizan múltiples e ilegales maniobras constitucionales, judiciales y electorales en Venezuela, Nicaragua, Bolivia y Ecuador. La constante de estas manipulaciones es la violación de los derechos humanos. Ahora en Bolivia, el tribunal constitucional del régimen tiene lista una sentencia declarando "como derecho humano que Evo Morales se reelija indefinidamente", violando así los derechos humanos de todos los bolivianos porque el Art 32, 2 de la Convención Interamericana de Derechos Humanos o Pacto de San José manda que *"los derechos de cada persona están limitados por los derechos de los demás, por la seguridad de todos y por las justas exigencias del bien común, en una sociedad democrática"*

Es principio universal que *"el derecho propio tiene por limite el derecho de los demás"*. Es fundamento del "estado de derecho" destinado a garantizar que en casos como el de Evo Morales no hay derecho frente a la libertad y a los derechos políticos de todo un pueblo. Así lo manda precisamente el Art. 23 del Pacto de San José (que invoca el régimen dictatorial boliviano) cuando consagra los derechos políticos como "derechos de todos los ciudadanos" que deben cumplirse en "igualdad de condiciones".

La ruptura de la "correlación entre deberes y derechos" es una característica de las dictaduras. En democracia con elemento esencial el estado de derecho, rige la ley y la igualdad jurídica para todos y el equilibrio entre deberes y derechos es fundamental. Cuando un ciudadano tiene más derechos que deberes es un abuso y una ilegalidad, pero cuando el que tiene más derechos o solo derechos es quien ejerce autoridad estamos frente a un dictador que se ha puesto por encima de la ley. Si un individuo y su grupo que integran el régimen tienen más derechos, el pueblo pasa a la condición de servidumbre y sometimiento que es todo lo contrario de la libertad y la igualdad de la democracia.

El caso boliviano es tenebroso: Evo Morales llegó al poder por elecciones el año 2006 con mandato para un solo período de cinco años y sin posibilidad de reelección continua, pero con el modelo castrochavista igual que Venezuela y Ecuador, fraguó una "asamblea constituyente" prohibida por la Constitución Política del Estado; luego de fraudes, múltiples crímenes, masacres sangrientas, con presos y exiliados políticos aprobó su constitución en 2009 en la que suplanta la República de Bolivia por el Estado Plurinacional, cambiando el nombre de todos los poderes del Estado para vaciarlos y controlarlos nombrando a sus títeres como jueces, magistrados electorales, senadores, diputados, fiscales, etc. En su constitución incluyó la reelección consecutiva del Presidente por una sola vez.

Con la constitución plurinacional —un estatuto para la dictadura— Evo Morales convocó de inmediato a elecciones el año 2009 en las que fue reelegido para su segundo periodo presidencial continuo. Llegaron las elecciones para el periodo que iniciaba el 2014 en las que Morales ya NO podía participar —porque su constitución establecía la reelección consecutiva solo por una sola vez que ya había usado el 2009— pero un "fallo infame" de su Tribunal Constitucional lo habilitó como candidato por tercera vez consecutiva, con el argumento de "que habiendo desaparecido la República de Bolivia, Evo Morales había sido elegido una sola vez en la vigencia del Estado Plurinacional, de manera que la candidatura de 2014 se computaría como su primera reelección". Así, un "tribunal infame" convirtió la segunda reelección en primera y Evo Morales volvió reelegirse fraudulentamente el 2014 hasta 2019.

Apenas asumió su tercer mandato luego de su segunda reelección continua, Evo Morales comenzó a maniobrar en busca de la reelección indefinida y llevó el tema a un referéndum en el que tomó el "si" para perpetuarse en el poder y dejó el "NO" para el rechazo a su permanencia. En el referéndum del 21 de Febrero de 2016, pese a al fraude, la manipulación, la campaña de miedo y amenazas, BOLIVIA DIJO NO. Es un NO que brindaba la posibilidad de recuperar la democracia con una salida institucional de la dictadura castrochavista de Bolivia, pero Morales calificó como "un error" del pueblo, algo que se podía corregir, o como solo el "primer tiempo" del partido de fútbol por la impunidad perpetua.

Es este contexto, el régimen de Evo Morales se ha demandado a si mismo buscando la inconstitucionalidad de la norma que permite la reelección consecutiva del presidente solo una vez —después de haberse reelegido ya dos veces consecutivas— argumentando que de acuerdo al Art. 23 del Pacto de San José, el dictador Morales tiene "el derecho humano de ser indefinidamente reelegido". Una vergüenza jurídica y política, porque el Art 23 protege a los bolivianos y no a Morales y el Art 32.2 del mismo Pacto de San José determina la "correlación entre derechos y deberes" y establece que *Los derechos de cada persona están limitados por los derechos de los demás, por la seguridad de todos y por las justas exigencias del bien común, en una sociedad democrática*".

Son derechos humanos los que violó Hugo Chávez cuando perdiendo referéndums y elecciones puso su voluntad y sus crímenes por encima de la ley para someter a los venezolanos; derechos humanos los que violó y viola el dictador Nicolás Maduro atribuyéndose los derechos del pueblo con una constituyente criminal; lo mismo hizo Rafael Correa para mantenerse 10 años en el poder; Daniel Ortega retiene indebidamente el gobierno con "sentencias infames" de jueces del régimen. Todos digitados por Cuba, en Venezuela, Nicaragua, Ecuador y Bolivia, igual, con la misma metodología, con gobiernos de delincuencia organizada, con corrupción, con más pobreza, con narcotráfico, con crisis económicas, con presos y exiliados políticos.

LIQUIDAR PROFESIONES LIBERALES, UN OBJETIVO POLÍTICO CASTROCHAVISTA

24 de diciembre de 2017

Las dictaduras buscan "controlar todas las esferas de la actividad humana y ocupar todo el espacio social". En dictadura el ser humano es solo un elemento del Estado, por eso institucionalizan la violación de los derechos humanos y desconocen las libertades fundamentales. El objetivo político de las dictaduras castrochavistas es liquidar las profesiones liberales, como pasó hace décadas en Cuba con los Castro, hace años en Venezuela con Chávez y Maduro, y como repite ahora Evo Morales en Bolivia.

Profesiones liberales son todas "aquellas actividades en las cuales predomina el ejercicio del intelecto, que han sido reconocidas por el Estado y para cuyo ejercicio se requiere la habilitación a través de un título académico". Es el "ejercicio de una de las carreras seguidas en centros universitarios o en altas escuelas especiales, por lo general de actividad y trabajo intelectual, aunque no excluyen operaciones manuales". La naturaleza de la profesión liberal es que "no existe relación de dependencia ni de permanencia con la clientela, aunque pueda haber habitualidad en el requerimiento de sus servicios", incluso si tal independencia pueda verse "comprometida en ciertas modalidades del derecho laboral".

Las profesiones liberales abarcan las áreas legal, de salud, fiscal, económica, científica y técnica, profesiones lingüísticas y de comunicación, del pensamiento, de la experimentación y mucho más. La especialización, el avance de la ciencia y la tecnología hacen cada vez más extenso el ámbito de las profesiones liberales, cuyo fundamento es la libertad, porque el ser humano escoge su profesión, puede determinar el área de su ejercicio, el lugar donde trabajar, su relación de trabajo, su clientela e incluso su empleador.

En dictadura toda la fuerza de trabajo y sobre todo la intelectual deben estar bajo el dominio y control de estado como instrumento del dictador. La imposición y la violencia sobre el ser humano se ejerce desde el momento que se señala lo que debe o puede estudiar, hasta la forma de ejercer la profesión. El régimen es el que determina si un profesional trabaja, donde, como, cuando y cuál será su retribución. La formación y ejercicio de las profesiones libres solo es posible en la libertad de la democracia, con la garantía del estado de derecho, como ejercicio de los derechos humanos y las libertades fundamentales.

Por eso las dictaduras castrochavistas dictan leyes destinadas a terminar con la libertad de las profesiones para someterlas paulatina o bruscamente a su poder, extremando medidas hasta convertir al profesional en un elemento dependiente y manipulable por el régimen. Los abogados suelen ser las primeras víctimas como ya sucedió en Cuba, Venezuela, Bolivia y Nicaragua, donde solo es posible ejercer esta profesión en el marco del "nuevo orden jurídico" convertidos en operadores de las leyes infames, amenazados con cárcel o exilio si tienen la osadía buscar justicia, acusar o litigar en serio contra los abusos, la corrupción o los crímenes del régimen.

Someter a los médicos es vital para los dictadores. En Cuba los convirtieron en "médicos esclavos", una fuerza de exportación bajo amenaza y secuestro, para generar ingresos al régimen, servir de medio de adoctrinamiento político y fuerza de choque cuando sea necesario. En Venezuela los médicos resistieron, pero fueron sometidos por la dictadura hasta llevarlos a la crisis humanitaria que hoy sufre ese país. En Bolivia optaron por criminalizar la medicina con el sofisma de "daño a la salud o integridad física por mala práctica" con un texto de "ley infame" en el Art. 205 del Código Penal de la dictadura.

Hemos tratado el tema de la "ley infame" definiéndola como "la norma que elaborada y establecida siguiendo el procedimiento formal para su creación, viola en su objeto y contenido los derechos humanos y/o las libertades fundamentales". Las dictaduras castrochavistas edifican su sistema legal en base a leyes infames reemplazando el "estado de derecho" por un "derecho del estado" que constituye la falsa legalidad del régimen dictatorial.

En el "estado de derecho" rige la igualdad ante la ley, las autoridades están sometidas a un marco jurídico preexistente y deben actuar respetando los derechos fundamentales, nadie puede estar por encima de la ley en su cabal concepto de "precepto dictado por autoridad competente que manda o prohíbe algo en consonancia con la justicia y para el bien de los gobernados". En cambio, la dictadura crea su "derecho del estado" que es un falso derecho porque son las "normas del régimen", solo un andamiaje arbitrario, leguleyo, instituido para oprimir y liquidar la libertad con "leyes infames", para someter al ser humano y sostener la dictadura.

En Bolivia se ejecuta la estrategia de liquidar las profesiones liberales como objetivo político para consolidar la dictadura. Los médicos, profesionales de la salud y estudiantes lo saben y resisten. Lo saben porque conocen a los esclavos (médicos) cubanos que han sido acarreados por cientos para reemplazar a los bolivianos. Lo saben porque las redes sociales reproducen imágenes de la lucha de hace pocos años de los médicos venezolanos. Saben que los "jueces infames" de Evo Morales llevaran médicos bolivianos a la cárcel, al exilio o a la muerte hasta someter a los demás y convertirlos en simples fichas de su estado plurinacional.

Si la intervención castrochavista en Bolivia —con la traición a la Patria del dictador Morales, la represión, la propaganda dictatorial con el control casi total de medios y su infame sistema de justicia— logra desprestigiar y someter a los médicos bolivianos, las demás profesiones caerán casi sin resistencia y el pueblo habrá sido arrastrado más rápido a la crisis, la violencia y la desesperanza que ya viven Cuba y Venezuela.

DICTADURAS DEL CASTROCHAVISMO
EN LAS AMÉRICAS

ESTRATEGIA DICTATORIAL PARA ASEGURARSE CON GOBIERNO DE TRUMP

22 de enero de 2017

El presidente Donald J. Trump no ha sido recibido como buena noticia por las dictaduras del socialismo del siglo XXI (SSXXI) en Cuba, Venezuela, Ecuador, Bolivia y Nicaragua, pues representa inevitables cambios en la política exterior de los Estados Unidos, que en los últimos años les ha permitido expandirse y ejercer el liderazgo político de América Latina. Raúl Castro, Nicolás Maduro, Rafael Correa, Evo Morales y Daniel Ortega, auto proclamados antiimperialistas, enemigos declarados de los Estados Unidos, caracterizados por haber destrozado la democracia para permanecer en el poder con perseguidos, presos y exiliados políticos, señalados por estructurar narco estados y relacionados con el terrorismo de origen islámico, han puesto en marcha una estrategia para asegurarse con el Gobierno de Trump.

Un repaso de la situación de las dictaduras demuestra: Cuba con el heredero Raúl Castro, pese a la gran ayuda de la normalización de relaciones con EEUU, es un país en quiebra, está oficialmente en recesión económica, repone prácticas del periodo especial, mantiene presos políticos, reprime a la resistencia local, persiste en su política comunista, es un feudo del dictador y su grupo político-familiar. Ejerce el liderazgo político de América Latina desde la muerte de Hugo Chávez, con la complacencia y reconocimiento del gobierno norteamericano como lo demuestra el asunto Colombia-FARC, el manejo de la crisis de Venezuela y otros. Por el control de las decisiones de política exterior de la mayoría los países de la región Cuba maniobra desde fuera en la OEA y ejerce liderazgo en la ONU negociando con su paquete de votos, articulado en base al Petrocaribe y sus relaciones con los países también declarados enemigos de los Estados Unidos como Corea del Norte.

Venezuela, con el dictador Nicolás Maduro, se ha establecido como la principal colonia castrista. Es su fuente de recursos económicos y su trinchera de defensa de la dictadura cubana. En los últimos años se libra en Venezuela la batalla por la liberación de los pueblos de América del oprobio anti democrático instalado por Castro y Chávez, porque si cae la dictadura venezolana el resto de los gobiernos del SSXXI tendrán una vida corta. La crisis económica con hiperinflación, miseria, hambre, inseguridad, narcotráfico y crímenes de estado, es una crisis humanitaria disfrazada por la complicidad de una temerosa comunidad internacional que permite al castrismo manipular un "vergonzoso dialogo" para dividir a la oposición y confundir al pueblo. Señalada como narco estado, centro de sospechosas operaciones con el terrorismo islámico, Venezuela puede liberarse muy pronto o ser condenada a la condición de una segunda Cuba.

Ecuador tiene elecciones el 19 de febrero en las que Rafael Correa no candidatea, pero donde todo está preparado —fraude incluido— para que la dictadura se prorrogue. El régimen con la ley mordaza más destacada, está acosado por la corrupción; señalado en el caso Odebrecht, Correa lucha en persona para que ni el Departamento de Justicia, ni los fiscales brasileros liberen los nombres de corruptos, en una campaña en Estados Unidos, donde ha hecho de la defensa de la corrupción una cuestión de Estado, con éxito hasta ahora. La crisis económica solo se disimula por la dolarización, Ecuador se ha convertido en corredor de narcotráfico y su gobierno aún se jacta de haber expulsado al Embajador Americano, quitado la Base anti narcóticos de Manta a Estados Unidos y otras acciones, mientras mantiene protegido en su embajada de Londres a Julian Asage (como eventual moneda de cambio).

Bolivia, en poder del dictador y dirigente cocalero Evo Morales desde hace 11 años, está señalada como narco estado que con su producción de droga ha inundado Argentina (convertida en el principal consumidor de cocaína), Brasil, Chile, y establecido la conexión de tráfico con Venezuela (acusada de oficial). La ruta de narco nace en las bases sindicales del dictador Morales, va a Venezuela, luego a México y el Caribe con rumbo a EEUU. La mentira y la comisión pública de delitos es la característica de Morales y su equipo de gobierno, que ya no pueden ocultar ni la crisis económica ni la rampante corrupción. Ahora maniobran para que el dictador retenga el poder pese a la definitiva decisión del pueblo boliviano en el referéndum del 21 de febrero de 2016 que le dijo NO.

Nicaragua con Daniel Ortega y Rosario Murillo han consolidado una dinastía dictatorial en el modelo castrista. Incorporados a la burguesía local como nuevos ricos se jactan de la estabilidad y protección a la inversión extranjera y juegan a dos estribos con el SSXXI y el tratado del pacífico para "tranquilizar al imperio", mientras auspician la reunión del Foro de Sao Paulo que analiza la crisis provocada por las pruebas de corrupción institucionalizada para y con sus miembros desde los gobiernos de Lula y Rousseff de Brasil.

La situación general del SSXXI es de crisis económica, política y social que señala su final. Sus notas características o elementos esenciales son crisis, corrupción, narcotráfico y declarados enemigos de los Estados Unidos. Pero ahora con el Presidente Trump deben "apaciguar la amenaza del cambio de gobierno en el imperio" y para ello despliegan acciones frontales de relaciones públicas (PC) contratadas en EEUU, lobbies de alto nivel y precio, prensa afín y grupos de presión internos, buscando mantener la falacia que " la estabilidad de

Cuba estabiliza la región y favorece a los Estados Unidos", mientras con la otra mano agitan la subversión y las acciones de calle en territorio extranjero, al extremo que en la misma 5ª. Avenida de Nueva York se escuchaba ayer y en español: "el pueblo unido jamás será vencido" (la vieja consigna del castrismo en América Latina con la que han acabado con decenas de gobiernos democráticos).

CASTRO, MADURO, CORREA, MORALES Y ORTEGA SON DICTADORES

05 de febrero de 2017

El siglo XXI presenta una división en las Américas en el plano de las libertades fundamentales. Es un retroceso histórico que sitúa el eje de confrontación entre la existencia y la ausencia de democracia, que demuestra que hay una América democrática y una América sin democracia o dictatorial integrada por los países del denominado socialismo del siglo XXI (SSXXI). El esfuerzo de los gobiernos dictatoriales es permanecer con apariencia y sobre todo denominación de "democracia" —impostura ejecutada con relativo éxito— por lo que es importante reiterar que los regímenes de Cuba, Venezuela, Ecuador, Bolivia y Nicaragua son dictaduras y que sus jefes Raúl Castro, Nicolás Maduro, Rafael Correa, Evo Morales y Daniel Ortega son dictadores sin lugar a duda alguna.

Los países democráticos cumplen los elementos esenciales de la democracia: "el respeto a los derechos humanos y las libertades fundamentales; el acceso al poder y su ejercicio con sujeción al estado de derecho; la celebración de elecciones periódicas, libres, justas y basadas en el sufragio universal y secreto como expresión de la soberanía del pueblo; el régimen plural de partidos y organizaciones políticas; y la separación e independencia de los poderes públicos". Están sometidos a la ley, hay fiscalización institucionalizada, libertad de prensa y de expresión, los gobernantes no cambian las leyes en su favor, ni las modifican con carácter retroactivo contra los opositores. No hay persecución política y por lo tanto no existen presos ni exiliados políticos. Puede haber crisis en uno o varios de los elementos esenciales de la democracia, pero no son permanentes ni provocados por el gobierno en beneficio propio.

Dictadura es el "régimen político que, por la fuerza o la violencia, concentra todo el poder en una persona o en un grupo u organización y reprime los derechos humanos y las libertades individuales". Violencia "implica uso de la fuerza física o moral". Las características objetivas de la dictadura son inversas a las de la democracia y se presentan como metodología de control político y social: violación de los derechos humanos y libertades fundamentales, inexistencia del estado de derecho en el ejercicio y para la perpetuación en el poder, uso de las elecciones como instrumento de fraude y manipulación de la voluntad popular, imposibilidad de que la oposición llegue al gobierno por procedimientos institucionalizados con hegemonía del partido oficial con tendencia a partido único, y control de todos los poderes públicos.

Los apologistas del SSXXI argumentan que llegaron al poder por elecciones, que cuando hay votación no hay dictadura y que no han dado golpes de estado. Pero estos artificios sirven precisamente para demostrar la condición dictatorial, pues —como enseña el ex Presidente de Ecuador, Osvaldo Hurtado— "sin que se proclamaran dictaduras y se dieran golpes de estado de factura militar, lo que han hecho los mandatarios de los llamados países bolivarianos, a través de la utilización maliciosa de las instituciones democráticas fue acceder al poder mediante el voto de los ciudadanos, pero una vez instalados en el gobierno, a través de disimulados y sucesivos mini golpes de estado, desconocieron el orden jurídico bajo el cual fueron elegidos y conformaron un sistema político contrario a los principios democráticos".

Los golpes de estado perpetrados bajo dirección castrista por Chávez y Maduro en Venezuela, por Correa en Ecuador, por Morales en Bolivia y por Ortega en Nicaragua, son golpes —con violencia física y moral— que han reemplazado la constitución como en Venezuela y Ecuador, o la han suplantado como en Bolivia, o dicen interpretarla —cambiándola a su conveniencia por medio de sus jueces o parlamentarios— como en Nicaragua y todos los países mencionados. Los golpes de estado del SSXXI destruyen el "estado de derecho" hasta llegar al punto de tener constituciones y leyes infames que les permiten la permanencia indefinida en el poder, el control total de los poderes del estado, mayorías absolutas en el legislativo, la persecución política judicializada con jueces como instrumento de represión, la manipulación electoral con tribunales de su amaño, la impunidad y encubrimiento de su ilimitada corrupción, el control de prensa, el enriquecimiento ilícito.

Este es el "golpe de estado del SSXXI". Una forma de golpe blando, encubierto en supuestas reformas de beneficio colectivo o falsamente presentadas como demandas populares, que usan "un conjunto de técnicas conspirativas no frontales y principalmente no violentas con el fin de controlar indefinidamente en el poder" burlando al soberano, anulando la oposición y simulando interés nacional. La violencia de estos golpes es moral, pero no excluye la física con masacres como la del Hotel Américas o la del Porvenir en Bolivia.

El SSXXI es la historia de golpes de estado sin fin: Daniel Ortega para reelegirse ilegalmente e inhabilitar a la oposición en las últimas elecciones de Nicaragua; las decisiones de Tribunal Supremo de Justicia de Venezuela para anular las potestades y decisiones de la Asamblea Nacional que ha cesado del poder a Nicolás Maduro; la "ley Mordaza" de Correa en Ecuador para suprimir la libertad de prensa; la redacción de la constitución del estado plurinacional de

Evo Morales en Bolivia por el Congreso Ordinario y no por la Asamblea Constituyente ya incompetente por el vicio de su conformación violando el procedimiento de reforma constitucional. Y Cuba es la dictadura modelo y la fuente de este sistema.

Cada ciudadano en Venezuela, Ecuador, Bolivia y Nicaragua puede recordar infinidad de "golpes de estado del SSXXI" perpetrados en su país; conoce los nombres de presos y exiliados políticos; sabe que si un ciudadano ejerce sus libertades y derechos contra el gobierno, será administrativa o judicialmente reprimido desde la pérdida de su empleo, hasta con cárcel… ¡y ¿hay todavía quienes dudan en llamar dictadores a Maduro, Correa, Morales y Ortega?!

ECUADOR DERROTARÁ EL FRAUDE Y LA CORRUPCIÓN EL 19F

12 de febrero de 2017

Las elecciones en Ecuador del próximo 19 de Febrero (19F) se realizarán bajo el modelo del socialismo del siglo XXI (SSXXI) que ha impuesto el fraude y la ventaja ilegal a favor del oficialismo, sin condiciones de democracia, impidiendo que sean transparentes, libres y justas. Rafael Correa —acosado por su responsabilidad por la crisis y corroído por la corrupción— dirige la campaña de sus candidatos Lenin Moreno-Jorge Glas dando demasiadas muestras que pelea por su garantía de impunidad. Ecuador recuperará la democracia y se liberará de la dictadura derrotando el fraude y la corrupción.

El modelo electoral del SSXXI, aplicado en Venezuela, Ecuador, Bolivia y Nicaragua, está diseñado para que haya elecciones, haya votación, pero siempre gane el oficialismo. El margen de triunfo de la oposición debe ser muy grande para neutralizar el fraude oficialista como sucedió en las elecciones 2015 para la Asamblea de Venezuela o en el referéndum del 21F en Bolivia. Enfrentamos la coartada con la que las dictaduras nacidas del proyecto castro-chavista en la región, se presentan como democracias alegando que el pueblo vota, cuando en realidad le quitan al proceso electoral las características de ser transparentes, "libres, justas y basadas en el sufragio universal y secreto como expresión de la soberanía del pueblo", como manda el Art. 3 de la Carta Democrática Interamericana.

En las elecciones del 19F los electores ecuatorianos recibirán 5 papeletas para elegir presidente y vicepresidente de la República, asambleístas nacionales, legisladores provinciales, parlamentarios andinos y la quinta de consulta sobre los paraísos fiscales. La lucha está centrada en la elección de presidente y vicepresidente, por eso el "fraude institucionalizado para simular democracia" abarca como mínimo: el control de los órganos electorales y judiciales cuyos personeros responden al régimen; el cambio la organización territorial electoral a favor del oficialismo; la modificación del porcentaje para ser elegido, pues ahora para ganar en la primera vuelta solo se necesita el 40% de "votos válidos" con ventaja del 10% sobre el segundo; la manipulación de inscripción ciudadana, al extremo que sobre una población de poco más 16 millones de ecuatorianos hay 12,4 millones de votantes registrados, lo que representa que en Ecuador supuestamente votan más del 78% de los habitantes!!; la inhabilitación de candidatos como Villavicencio y otros; la utilización de todo el aparato del estado a favor de la candidatura oficialista con Correa como jefe de campaña; la utilización de medios de comunicación y espacios del gobierno para campaña oficialista en desventaja para los opositores; el cohecho y la prebenda electorales operados desde el gobierno…

Existen denuncias de que más de un millón de muertos están inscritos y que podrían participar para ayudar al régimen, porque el indicador más grave es el sistema de cómputo de los votos válidos, nulos y blancos. El Universo ha publicado la opinión de Germán Rojas, experto en matemática electoral, quien plantea que en caso de que el 20% de los votantes anule o deje en blanco, un binomio presidencial puede ser escogido en primera vuelta si alcanza el 32% de los votos totales (incluyendo los nulos y blancos) y si quien le sigue tiene menos del 24%. Así "ni siquiera la tercera parte de los electores ya elegiría a un presidente, *porque en vez de que la mayoría absoluta sea en función del total de votos, se la calcula del total de lo que se conoce como votos válidos*". El sistema electoral con el gran número de inscritos para votar, estaría arreglado para que el oficialismo con solo el 32% de votos "elija fraudulentamente" a Lenin Moreno y Jorge Glas en la primera vuelta.

Así resumido el fraude, el tema de la corrupción es de escándalo. Entre otros casos, el denominado "lava jato", o sea la corrupción creada por el Foro de Sao Paolo a partir de los gobiernos del Partido de los Trabajadores de Lula y Rousseff en Brasil y expandido por toda la región, incrimina directamente a Rafael Correa y su gobierno porque el Departamento de Justicia de EEUU ha revelado que 35.5 millones de dólares fueron entregados por Odebercht como sobornos en Ecuador. Correa ha reaccionado pidiendo "beneficio de inventario" (¡!??) e implementando acciones de estado —fiscal oficialista de por medio— para evitar que se conozcan los nombres de las personas que recibieron o intervinieron en los sobornos, logrando —hasta ahora con éxito— que no aparezcan ni se confirmen nombres de su entorno, el suyo ¿o como señalan las redes sociales, el de su candidato a la presidencia y vice presidencia? En este caso Correa está señalado por lo menos como encubridor y parece que "el que tapa otorga".

Otros escándalos de corrupción como el caso Petroecuador con denuncias de su ex presidente Capaya contra su propio gobierno y concretamente contra el candidato Jorge Glas, como lo ha registrado el Miami Herald y otros medios, hacen urgente la necesidad de que la formula oficialista gane las elecciones del 19F en primera vuelta, objetivo que solo pueden conseguir con fraude. La necesidad de Rafael Correa de imponer el triunfo de Lenin Moreno-Jorge Glas, tal vez se está viendo acrecentada ante su miedo de seguir los pasos del ex presidente del Perú Alejandro Toledo ahora acusado por la corrupción Odebercht, con orden de prisión y recompensa en dólares por su captura.

En la segunda vuelta los candidatos oficialistas no tienen ninguna opción. Si el resultado del 19F es una segunda vuelta electoral, cualquiera sea el candidato que resulte segundo, éste se vislumbra como seguro ganador y próximo presidente de Ecuador, porque en términos reales y de acuerdo a todas las encuestas —incluso las oficialistas— el Ecuador quiere cambio y el SSXXI correista tiene a más de dos tercios de los ecuatorianos en contra por muy justificadas razones.

ACABAR CON LA INDIFERENCIA Y COMPLICIDAD CON LAS DICTADURAS

05 de marzo de 2017

Los datos de la realidad objetiva prueban el ejercicio dictatorial y la ausencia de democracia en Cuba, Venezuela, Bolivia, Ecuador y Nicaragua, pero los gobiernos democráticos de las Américas parecen ser los únicos que no se dan cuenta de esta situación porque continúan tratando a los dictadores como iguales, ignorando hechos criminosos y manteniendo relaciones normales.

Si los líderes democráticos de la región, en ejercicio del poder, continúan su política de tolerancia que otorga "normalidad a las dictaduras", serán cómplices del sufrimiento, la opresión y la miseria de los pueblos. Ha llegado el tiempo de pedir explicaciones, reclamar acciones concretas y señalar como vergonzosa la indiferencia, la conveniencia, el temor o la complicidad de los presidentes de los países americanos frente a las dictaduras.

Las violaciones a los derechos humanos, los presos y exiliados políticos, el uso de la justicia como instrumento de represión, la desaparición del Estado de derecho, la inexistencia de división e independencia de poderes, la corrupción, el fraude, la comisión de delitos de Estado, el narcotráfico, el abuso de poder y la impunidad en los regímenes de Cuba, Venezuela, Bolivia, Ecuador y Nicaragua, son tan evidentes que los ciudadanos de la democracia se preguntan por qué sus presidentes, cancilleres, gobiernos y embajadores callan. La gente ve a sus gobiernos como indiferentes, complacientes, cómplices o atemorizados por el sistema dictatorial del Socialismo del Siglo XXI (SSXXI).

Es notable el alto grado de incongruencia respecto a los principios y valores con los que los presidentes de las democracias han llegado al poder, pero lo más grave es no entender que el sistema del SSXXI es una amenaza real a la estabilidad de todos y cada uno de los gobiernos democráticos; o tal vez, ésta sea la clave para entender la tolerancia, porque puede ser que reconociendo el nivel de peligrosidad del bloque dictatorial, los presidentes de las democracias de la región prefieren una relación de "amiguismo" y discreta subordinación, lo que sin eufemismos los convertiría en cómplices de las dictaduras.

En la declinación y crisis irreversibles del SSXXI existen datos importantes como la recuperación democrática de Argentina con la derrota Kirchner, el triunfo de la oposición y posterior control de la Asamblea Legislativa en Venezuela, el cambio de gobierno en Brasil, la continuidad democrática en Perú, la derrota de Evo Morales en el referéndum del 21F de 2016 en Bolivia, el informe del Secretario Almagro en la Organización de Estados Americanos (OEA) sobre Venezuela que activó la Carta Democrática Interamericana, el destape de la corrupción del Foro de Sao Paolo con el escándalo Odebrecht, el triunfo del pueblo ecuatoriano sobre el fraude electoral que lleva a una segunda vuelta electoral, y el presidente de los Estados Unidos Donald Trump recibiendo a la esposa del preso político Leopoldo López, mostrando conocimiento del problema y expresando interés en el asunto.

Sin embargo, estos avances no son suficientes y están incompletos, pues la región continúa dividida en "dos Américas", la democrática y la dictatorial. Para recuperar la democracia es necesario que el compromiso original del presidente Macri y del presidente Kuczynsky, y las expresiones de interés del presidente Donald Trump para la liberación de los presos políticos en Venezuela y la recuperación de la democracia, sean efectivas con el respaldo de todos los presidentes de la región haciendo operativa la Carta Democrática Interamericana y respaldando al Secretario General de la OEA con mayoría de votos.

Es necesario entender que además de Venezuela, existen presos y exiliados políticos de Ecuador y Bolivia; reconocer que los jueces han terminado con la "oposición real" y con la "libertad de prensa" en esos países y en Nicaragua; afirmar que la base de la permanencia en el poder de Castro, Maduro, Correa, Morales y Ortega es la violación del estado de derecho, la suplantación constitucional y la violencia institucionalizada por "leyes infames", con "sentencias infames" y con "jueces verdugos" en el sistema castrista de control social de miedo y amenaza.

La dictadura cubana no puede seguir ejerciendo el liderazgo de Latinoamérica, negociando "estabilidad a cambio de tolerancia". Los países del Petrocaribe no pueden seguir con la vergonzosa entrega de sus votos en la OEA y en la ONU al liderazgo castrista, a cambio petróleo venezolano.

La región no puede continuar inundada de cocaína, incrementando el consumo de droga, la peligrosidad criminal por el tráfico, la formación y sostenimiento de padillas y lavado de dinero por la política narco que tiene como eje a los gobiernos de Venezuela, Bolivia y a las FARC con la "mediación" de Cuba y la participación de Ecuador y Nicaragua. No se puede aceptar que para no tener una guerrilla o un alzamiento social o armado organizado por el castrismo haya que tolerar el oprobio en Venezuela, Cuba, Bolivia, Ecuador y Nicaragua. No es posible seguir soslayando las conexiones del SSXXI con el terrorismo de origen islámico.

Urge garantizar la transparencia en la segunda vuelta electoral de Ecuador y revisar el fraude electoral de la primera vuelta en cuanto a la dudosa mayoría oficialista en la Asamblea. Los nombres de los que recibieron sobornos en Venezuela, Ecuador, Bolivia, Nicaragua y Cuba vinculados al "lava jato" de las 15 empresas brasileras y no solo Odebrecht, deben ser públicos de inmediato, el secretismo con pretexto de investigación compromete a los gobiernos democráticos.

Los dictadores deben saber que cuanto más porfíen en su permanencia indebida en el poder más lejos de la impunidad que los urge estarán. Estas y muchas más son las acciones concretas y urgentes que los presidentes democráticos de los países americanos les deben a sus pueblos, a sus principios y al sistema que los legitima.

PARA CONSUMAR FRAUDE ELECTORAL CORREA DESTITUYE AL COMANDANTE DEL EJÉRCITO

12 de marzo de 2017

Poniendo una vez más en evidencia su condición de dictador del socialismo del siglo XXI (SSXXI), Rafael Correa Delgado destituyó al Comandante General del Ejército del Ecuador, Gral. Luis Miguel Ángel Castro Ayala, con doble propósito político: primero, castigar a quien impidió consumar el fraude electoral a favor de los candidatos oficialistas Lenin Moreno y Jorge Glas en la primera vuelta electoral, y segundo, tener abierto el camino y controlado el aparato para ejecutar el fraude electoral en la segunda vuelta, el 2 de abril próximo, que le permita retener el poder y asegurarse impunidad.

Las elecciones son la puesta en escena, el show con el que el SSXXI pretende justificar sus regímenes dictatoriales como si fueran democracias bajo el slogan "la gente vota y ganamos elecciones". Sin embargo, este mecanismo está puesto en evidencia y ha sido desnudado desde hace varios años en Venezuela, Ecuador, Bolivia y Nicaragua, donde las elecciones se han convertido en procesos manipulados de principio a fin por el oficialismo. Las "elecciones libres y justas" son solo uno de los elementos esenciales de la democracia establecidos en la Carta Democrática Interamericana, pero los regímenes castrochavistas de la región violan todos incluido éste.

Las elecciones en Ecuador y en el resto de los países del SSXXI se caracterizan porque han cambiado la constitución y las leyes electorales, han suplantado los organismos electorales, han designado funcionarios de su amaño y obediencia haciendo desaparecer la "imparcialidad", han alterado los registros electorales, modificado la organización territorial, el sistema de cómputo y asignación de ganador; han habilitado votación en el extranjero y de extranjeros ilegales, han manipulado el padrón electoral, han inhabilitado con persecuciones judiciales, cárcel y exilio a varios candidatos, han dividido a la oposición con presiones y prebendas, han restringido y/o suprimido la libertad de prensa, han liquidado el financiamiento y la transparencia electorales, han hecho aparecer más votantes que habitantes posibles en edad de votación, usan recursos de la corrupción y del estado ilimitadamente... *en suma han quitado a las elecciones su característica fundamental de "ser libres, justas y basadas en el sufragio universal y secreto como expresión de la soberanía del pueblo".*

La manipulación de las elecciones las ha convertido en "un proceso institucionalizado de fraude", y permite a los dictadores del SSXXI manipular los resultados agregándose votaciones por más del 10% y disminuyendo el respaldo popular real a la oposición en un porcentaje similar. Solo resultados contundentes como el de las elecciones para la Asamblea Nacional de 2015 en Venezuela y del referéndum 21 F de 2016 en Bolivia, con fuerte "control electoral y movilización ciudadana" permiten evitar la consumación del fraude. *Los éxitos del fraude van desde las elecciones supuestamente ganadas por Hugo Chávez y Nicolás Maduro en Venezuela o Evo Morales en Bolivia, los innumerables referéndums y elecciones locales en Venezuela, Ecuador, Bolivia y Nicaragua, hasta el más reciente fraude realizado de Daniel Ortega en Nicaragua.*

En este escenario, Rafael Correa, que actúa como jefe de campaña y principal vocero de Lenin Moreno-Jorge Glas, tenía todo previsto para dizque ganar (o sea hacer como que ganó) en la primera vuelta, pero el fraude no le alcanzó debido fundamentalmente a la movilización del pueblo ecuatoriano y a la acción institucional del general Castro Ayala (ahora destituido), quien al día siguiente de las elecciones dirigió una carta al Comando Conjunto de las Fuerzas Armadas en la que expresó: "Ante los últimos acontecimientos que se vienen observando a nivel nacional luego de que la ciudadanía hizo uso de su derecho constitucional de elegir de manera voluntaria a sus dignatarios el pasado domingo 19 de febrero de 2017, por medio del presente me permito solicitar a Usted, mi Teniente General, se digne a convocar al Comando Conjunto de las Fuerzas Armadas para analizar la situación actual y de ser el caso realizar un pronunciamiento oficial, de manera urgente, sobre la participación y responsabilidad de la Institución durante este proceso electoral, considerando el respeto al orden constituido y a la voluntad del pueblo expresada en las urnas".

El texto lo dice todo, fue una solicitud institucional en la cadena de mando regular, en cumplimiento de funciones constitucionales de un comandante que debe lealtad a su patria, a su nación y no al gobierno. Luego de destituido el general Castro Ayala probó el fraude poniendo en evidencia que "las Fuerzas Armadas no manejaron toda la cadena de la custodia de las papeletas de votación en las elecciones pasadas". Los militares juran a la Bandera como símbolo de la Nación y por eso son Fuerzas Armadas de la Nación (del soberano que el pueblo), no juran lealtad al régimen ni al jefe de estado; pero para vergüenza de los mandos militares de Venezuela, Bolivia, Nicaragua y Ecuador, solamente un general ecuatoriano el general CASTRO AYALA, cumplió su juramento y por eso la dictadura lo ha destituido —y si consuman el fraude— seguramente le perseguirán buscando asesinarle su reputación.

Además de la venganza y el "precedente", la destitución que Rafael Correa realizó tiene el fundamental propósito de despejar los obstáculos para perpetrar el fraude preparado para la segunda vuelta. Sin un comandante institucionalista, sometido al "estado de derecho" y no al régimen, con mandos reducidos políticamente y condecorados por el chavismo y el castrismo, con una CNE asustada y servil, el fraude está de nuevo listo y ahora solo falta falsear un poco de encuestas, ejercer control de prensa, evitar que salgan los nombres de la corrupción de Odebrecht y otros casos, y tener observadores electorales complacientes al régimen. *El mundo observa y la diferencia es que AHORA sabe que se trata de FRAUDE.*

SOLO CON FRAUDE PUEDEN CAMBIAR EL REPUDIO DEL 60.64% EN ECUADOR

26 de marzo de 2017

La elección presidencial en Ecuador demostró en su primera vuelta que cuando el pueblo defiende sus derechos los falsificadores de la voluntad popular pierden y "el fraude no alcanza". La segunda vuelta evidencia la manipulación, coacciones, engaño, falsedad, prebenda, encubrimiento y desesperación de la campaña oficialista dirigida por Rafael Correa con fines de impunidad. Que Lenin Moreno-Jorge Glass puedan aparecer como ganadores de la segunda vuelta solo es posible con fraude electoral, pues únicamente con trampa se puede cambiar el repudio del 60,64% de los ecuatorianos a un régimen que puso al Ecuador en el mismo camino de Cuba y Venezuela.

En la primera vuelta del 19 de febrero pasado los resultados fueron: Moreno-Glass el 39,36% de votos; Guillermo Lasso el 28,09%; Cynthia Viteri el 16,32%; Paco Moncayo el 6,71%; Abdalá Bucaram el 4,825; Iván Espinel el 3,18%; Patricio Zuquilanda el 0,77%; y Washington Pesantes el 0,75%. Esto demuestra que el 60,64% votaron contra Moreno-Glass, ese es su porcentaje de rechazo. Si aplicamos a la votación acreditada a los oficialistas un margen de fraude solo del 5%, el repudio del pueblo ecuatoriano a los candidatos del proyecto castrochavista en Ecuador llega fácilmente a los dos tercios.

Moreno-Glass NO ganaron la primera vuelta con 39,35%, la perdieron por el 60,64%. El resultado real es que "EL 60,64% DEL

PUEBLO ECUATORIANO RECHAZÓ Y DERROTÓ A LOS CANDIDATOS OFICIALISTAS", incluso tolerando el fraude que de manera increíble no ha sido más publicitado por la oposición. Correa y sus candidatos perdieron la elección y el fraude no les alcanzó ni para llegar al 40% que su mismo régimen —en sus reglas de fraude y favoritismo— fijó como suficiente para ganar. Los candidatos del SSXXI alcanzaron el tope de su apoyo y fraude y no lograron darse por electos como lo había previsto, ordenado y anunciado Rafael Correa. Toda la parafernalia de simulación electoral para sostener el régimen no democrático en el poder se vino abajo y eso se llama derrota por repudio.

La propuesta electoral del oficialismo polarizó con la de todos los demás candidatos, nadie expresó su apoyo al proyecto del socialismo dictatorial que ha llevado a que Ecuador tenga hoy perseguidos, presos y exiliados políticos, crisis económica, mega corrupción, encubrimiento y la "ley mordaza" más infame. Para la segunda vuelta, ninguno de los candidatos apoya a Moreno-Glass, todo lo contrario, se han manifestado a favor de Guillermo Lasso. Todas las ofertas electorales de los candidatos Lasso, Viteri, Moncayo, Bucaram, Espinel, Zuquilanda y Pesantes son modos diversos contra el gobierno y por eso los ecuatorianos votaron por diferentes candidatos, pero contra Correa-Moreno-Glass.

En este escenario, la estrategia de Correa como jefe la campaña y dueño de Moreno-Glass, para "ganar la segunda vuelta" es: presentar a sus candidatos en gran movilización para simular el incremento de apoyo popular que política y estadísticamente no puede suceder, no tiene como ni de dónde; uso y abuso de medios y patrimonio estatales, con la muestra de cifras e información que respalde la creación de una imagen ganadora para preparar el ambiente; una intensa campaña sucia directa e indirecta contra Lasso-Páez para tapar la corrupción propia; ajustar el fraude electoral para que esta vez sea suficiente.

El fraude electoral ya está en ejecución y el Consejo Nacional Electoral (CNE) del Ecuador en la persona de su Presidente son la primera indicación de la coacción como instrumento de fraude. La destitución del Comandante del Ejército Gral. Castro es prueba de fraude para manipular en la segunda vuelta el control de ánforas y votos, como no pudieron hacerlo del todo en la primera. La persecución de la ex directora del Poder Electoral venezolano Ana Mercedes Díaz que se constituyó como observadora para la primera vuelta, que fue rechazada personalmente por Rafael Correa y que terminó refugiada en la Embajada de los EEUU en Ecuador, con las denuncias de fraude cibernético y de alteración de los datos de los formularios de cómputo que la experta hace, prueban la repetición en Ecuador de la técnica de fraude usada en Venezuela.

También es fraude la expulsión de Ecuador de la Sra. Lilian Tintori (esposa del preso político venezolano Leopoldo López) por orden de Rafael Correa y justificada por el candidato Lenin Moreno. Solo la descripción del atropello demuestra el manejo absoluto del Estado —presidente incluido— a favor del candidato oficialista y la condición dictatorial del régimen. Correa tiene terror que los ecuatorianos vean su futuro inmediato en la imagen de la Venezuela destrozada y hambrienta de hoy. Antes, el apoyo de Chávez, Castro, Maduro, Morales y Ortega en las campañas de Correa era vital, pero hoy por las crisis, la corrupción, el narcotrafico y la impopularidad creciente de los dictadores del socialismo del siglo XXI su mención perjudica y no pueden dejar que Lilian Tintori lo recuerde dando testimonio.

El encubrimiento de la corrupción es delito en Ecuador y en cualquier legislación del mundo, pero Rafael Correa en persona oculta y protege públicamente con acciones de gobierno la identidad de funcionarios (tal vez su propio nombre y/o el de sus candidatos) que recibieron 33,5 millones de dólares por sobornos de Odebrecht, y lo hace con fines electorales. Esto además de delito común, de beneficios criminales en razón del cargo, es prueba de las acciones criminales que se llaman fraude electoral, para cambiar o voltear el repudio ya expresado por más del 60% de los ecuatorianos contra los candidatos Moreno-Glass.

VENEZUELA Y LAS DICTADURAS DESNUDAS, SIN CARETA DE DEMOCRACIA

02 de abril de 2017

La dictadura venezolana ha dado un golpe de estado contra la Asamblea Nacional, utilizando un fallo infame de su Tribunal Supremo de Justicia, suplantando al único órgano legítimo de Venezuela. Este crimen ha sido perpetrado con el respaldo y coordinación de los gobiernos de Cuba, Bolivia, Ecuador y Nicaragua, mostrando la naturaleza de los regímenes de Nicolás Maduro, Evo Morales, Rafael Correa y Daniel Ortega. El golpe de estado en Venezuela pone al desnudo las cinco dictaduras de la región que han perdido definitivamente la careta de democracia.

La Carta Democrática Interamericana establece en su artículo tercero que los "elementos esenciales de la democracia" son: "el respeto a los derechos humanos y las libertades fundamentales; el acceso al poder y su ejercicio con sujeción al estado de derecho; la celebración de elecciones periódicas, libres, justas y basadas en el sufragio universal y secreto como expresión de la soberanía del pueblo; el régimen plural de partidos y organizaciones políticas; y la separación e independencia de los poderes públicos". La Carta Democrática está activada por los dos informes del Secretario General de la Organización de Estados Americanos (OEA) Luis Almagro, sobre la situación de Venezuela, que prueban que Nicolás Maduro y su gobierno no cumplen ninguno de los elementos esenciales y que hace muchos años Venezuela tiene un gobierno dictatorial con careta de democracia.

Careta es una "mascara, fingimiento, disimulo", es un disfraz, una simulación o engaño con la que se intenta "aparentar o hacer que algo parezca lo que no es", se trata de "ocultar o encubrir con astucia". Esto es precisamente lo que los regímenes de Venezuela, Ecuador, Bolivia y Nicaragua han estado haciendo y aún pretenden. Se presentan como democracias y son dictaduras. Reclaman la condición de democracias con adjetivos de acompañamiento como socialistas, progresistas, del socialismo del siglo XXI, bolivarianas o del alba, cuando en verdad se trata de un sistema dictatorial castrista-estalinista.

Los informes del Secretario Almagro prueban: que en Venezuela se violan los derechos humanos con persecuciones políticas que utilizan el poder judicial como instrumento de represión; que hay presos, perseguidos y exiliados políticos; que el "estado de derecho" ha desparecido porque Maduro y su consorcio están por encima de la ley y son la ley; que han concentrado todo el poder en sí mismos extinguiendo "la división e independencia de los poderes públicos"; que han llevado el pueblo venezolano a una crisis humanitaria que viola todos los derechos humanos; que no hay libertad ni de expresión ni de prensa; que no existe posibilidad de acción política. Lo que el Secretario Almagro demostró con sus informes es que Venezuela no es una democracia, es una dictadura, con tremendos efectos para las similares de Bolivia, Ecuador y Nicaragua, al punto que si la OEA trabajaría informes sobre estos países los resultados serían similares a los de Venezuela, con un daño devastador para el líder del grupo que es la Cuba castrista.

El castro-chavismo nucleado en el socialismo del siglo XXI y en el Foro de Sao Paolo controla hoy mismo la mayoría de votos de los 35 estados miembros de la OEA, por medio de Venezuela, Ecuador, Bolivia y Nicaragua que defendiendo a Nicolás Maduro se protegen a sí mismos; con el petróleo venezolano manipulado como soborno a los países del Petrocaribe; con amenazas de desestabilización y generación de crisis; y con relaciones o presiones ideológicas. A partir de la crisis venezolana, la opinión pública mundial ha tomado conocimiento de esta situación y los pueblos han producido cambios y presiones que permitieron que la valentía del Secretario Almagro active la Carta Democrática. Pero hasta ahora no existen los dos tercios necesarios para sancionar al gobierno de Maduro.

La dictadura de Maduro es además un "narco estado" y existe prueba de ello con los informes de los Estados Unidos que señalan al vicepresidente venezolano, con los sobrinos de Maduro presos y juzgados por narcotráfico en Nueva York, con el "cartel de los soles" que implica altos mandos del gobierno, con las relaciones con las FARC y Evo Morales como principales fuentes proveedoras de cocaína que han convertido a Venezuela en el "eje de la droga", con relaciones con el terrorismo de origen islámico. Esta situación también alcanza a los gobiernos de Bolivia, Ecuador y Nicaragua, tanto y más como los toca e implica la condición de dictadores.

Es en este contexto en el que Maduro produce el golpe de estado contra la Asamblea Nacional de Venezuela, siguiendo la estrategia castrista de "defenderse profundizando la dictadura", o sea corriendo hacia delante y mostrando que no están dispuestos a dejar del poder de ninguna forma. El golpe se produce luego de ejercicios de defensa militar similares a los practicados por años por el régimen castrista en Cuba con propaganda antiimperialista, luego de haber ratificado la injusta condena contra el preso político Leopoldo López y en medio del gran esfuerzo de encubrir la corrupción de Odebrecht y el "lava jato" que toca también a sus cómplices de Cuba, Ecuador, Bolivia y Nicaragua.

El golpe de estado de Maduro en Venezuela es el golpe de las dictaduras, marca con claridad la existencia y la confrontación entre "LAS DOS AMERICAS", la democrática y la dictatorial. La de los presidentes sujetos al estado de derecho, con división e independencia de poderes versus la de Cuba, Venezuela, Bolivia, Ecuador y Nicaragua, que es la de los jefes eternos, todopoderosos que violan los derechos humanos y quieren morir impunes en el poder. El efecto político del golpe de Maduro es mostrar que las dictaduras están desnudas, están en evidencia, han perdido la careta de democracia con la que engañaron por años, y que no es solo Venezuela, ¡son cinco!

DE MADURO A MORENO, DE VENEZUELA
A ECUADOR, PURO FRAUDE

09 de abril de 2017

El dato más claro que las elecciones en Ecuador ofrecen es de fraude electoral, el elemento esencial del socialismo del siglo XXI (SSXXI), de metodología castrista, para construir y sostener dictaduras con careta de democracia por medio con elecciones manipuladas, que el oficialismo ecuatoriano está ejecutando. Hoy que el pueblo ecuatoriano es víctima del crimen de imponerle un presidente que no ganó las elecciones, vemos la repetición del fraude del 2013 en Venezuela con Maduro sobre Capriles, la misma técnica de 2014 en Bolivia para Morales y de 2016 para los Ortega en Nicaragua. De Nicolás Maduro a Lenin Moreno, de Venezuela a Ecuador (pasando por Bolivia y Nicaragua) el único medio de los indeseables y derrotados para mantener poder e impunidad es el fraude electoral. La víctima actual es el pueblo ecuatoriano.

Las elecciones en democracia deben ser "periódicas, libres, justas y basadas en el sufragio universal y secreto como expresión de la soberanía del pueblo", pero además deben realizarse en "condiciones de democracia" constituidas por el respeto a los derechos humanos y las libertades fundamentales, la vigencia del estado de derecho, la división e independencia de los poderes públicos y un régimen plural de partidos y organizaciones políticas, esto es la vigencia de los elementos esenciales de la democracia recogidos en la Carta Democrática Interamericana.

El "fraude" es constitutivo de delito, un crimen, es "toda acción contraria a la verdad y a la rectitud", es cualquier acción u omisión que busca "eludir la verdad en perjuicio del estado o de individuos". El "fraude electoral" es "la intervención ilícita de un proceso electoral con el propósito de impedir, anular o modificar los resultados reales". Más grave aún, "institucionalizar el fraude electoral" es establecer en el Estado los mecanismos, procedimientos e incluso leyes y reglamentos que permitan al detentador del poder hacer fraude electoral en su beneficio simulando cumplir el ordenamiento legal que ha creado por medio de leyes "infames".

Estos principios ponen en evidencia el fraude electoral esencial del SSXXI para que sus regímenes retengan el poder indefinidamente con simulación de democracia. Es prueba de que se trata de dictaduras donde no existe estado de derecho y no hay poderes independientes con los cuales evitar el fraude dictatorial, pues no hay a quien ni como quejarse para conseguir solamente un recuento limpio de los votos, incluso regalando el fraude previo al día de la elección. Su desgastado eslogan de que "si hay elecciones hay democracia" ya no convence ante la reiterada prueba de elecciones sin libertad, sin transparencia, sin justicia, sin independencia y sin probidad".

Las elecciones Ecuador 2017 han sido montadas sobre un "ordenamiento legal" creado para beneficio del oficialismo, que con el engañoso nombre de Código de la Democracia instituyeron mecanismos que: han permitido el registro de más votantes de los que el país puede tener; han puesto como autoridades electorales a dependientes del gobierno como lo demuestran los miembros del Consejo Nacional Electoral (CNE) y sus inferiores; han movido el mapa electoral a su amaño; han marcado parcialidad a favor del oficialismo; impiden expeditos mecanismos de impugnación y reclamo; permiten la trampa en el recuento de votos; anulan el derecho a la defensa del votante y de los candidatos (entre otras cosas).

Si hoy en Ecuador se recuentan todos los votos el oficialismo pierde y por eso la CNE ha quedado convertida en "La banda de los 5" operadores de Rafael Correa para hacer presidente a Lenin Moreno. Si reproducimos como drama o comedia los hechos de la elección venezolana de 2013 y los cotejamos con los de la elección ecuatoriana 2017 veremos un calco. No son solamente parecidas, son iguales, son una copia en tiempos, anuncios, movimientos, ejecución del fraude y hasta en porcentajes. En Ecuador estamos presenciando el penúltimo acto, el de la protesta, y en el plan dictatorial preparan el último acto, el de apaciguamiento con sostenimiento del engaño y posesión del impostor que no ganó las elecciones… ¡otro Maduro! Y luego en la post producción vendrá la represión judicializada y el asesinato de las reputaciones para desarmar y acabar a la oposición que les ganó la elección.

Además de toda la metodología ya repetida, el fraude en Bolivia 2014 consistió en habilitar a Evo Morales como candidato cuanto su propia constitución y leyes infames lo prohibían, (similar a la habilitación de Maduro) y en impedir que varios candidatos no puedan participar por estar criminalizados, presos o exiliados. En Nicaragua 2016 fue eliminar a la oposición del proceso electoral para permitir a Daniel Ortega y su mujer la pretensión de una dinastía. En todos los casos usaron sus jueces y manipularon el control total del poder, sin que haya donde ni a quien quejarse, con el acompañamiento de "observadores internacionales amigos" y de una comunidad internacional compuesta por gobiernos engañados, indiferentes, cómplices, asustados o sobornados. En Ecuador vemos lo mismo con observadores sospechosamente callados y la OEA por lo menos confundida o engañada.

Ecuador exige el RECUENTO TOTAL DE VOTOS desde las ánforas, porque hay sospecha en las actas, sigue en el cómputo de los datos de las actas y remata en las computadoras con programas chavistas que la CNE manipula. Oponerse o impedir el recuento es una confirmación del fraude. Si Lenin Moreno quiere tener legitimidad debe ser el más interesado en el recuento total. Si Guillermo Lasso no quiere ser otro Capriles (hoy ya inhabilitado por la dictadura venezolana) debe defender el voto popular y evitar que —a puro fraude— la historia de Venezuela se repita en Ecuador.

CONSTITUYENTE DE MADURO, LA FARSA CRIMINAL DE LOS DICTADORES

28 de mayo de 2017

Los dictadores del sistema castrista extendido en las Américas han convertido a las asambleas "constituyentes" en la herramienta de simulación para oprimir y mantenerse indefinidamente en el poder. La Asamblea constituyente, que debería ser la instancia más importante de expresión de la soberanía popular y de la libertad en democracia, ha sido transformada en el medio para hacer exactamente lo contrario: terminar con las libertades fundamentales, destrozar el estado de derecho, concentrar el poder, instituir sistemas totalitarios, violar los derechos humanos y desconocer la voluntad de los pueblos a los que someten. La constituyente que manipula el dictador Maduro en Venezuela es la profundización de esta farsa criminal que ya oprime a Cuba, Venezuela, Bolivia, Ecuador y Nicaragua.

Constituyente representa el poder de "establecer de erigir, de fundar" y una asamblea constituyente es una reunión de "representantes populares" para establecer las reglas de la organización del estado y erigir el sistema de convivencia entre los ciudadanos organizados como sociedad política. Por el principio de soberanía el titular de la autoridad constituyente, el que tiene el poder constituyente, es el pueblo. El poder constituyente originario es el que "crea un estado" y el derivado es el que puede reformar la constitución de acuerdo a mecanismos establecidos en su propio texto.

Existen —entre otros— dos elementos fundamentales para la legitimidad de una constituyente, que son la representación popular y la existencia de democracia. Se trata de que el pueblo esté representado válidamente, que se respeten los derechos fundamentales, las libertades individuales y los derechos humanos, no se viole el estado de derecho, se garantice la división e independencia de los poderes públicos, se respete el voto universal y secreto como expresión de la soberanía del pueblo, y se garantice la pluralidad de organizaciones y partidos políticos. La esencia para la validez de una constituyente es la "legitimidad de la representación popular", porque cualquier forma de "suplantación" hace de una constituyente un atentado contra la soberanía popular, un gravísimo acto criminal.

Lo que sucede desde principios del siglo XXI como herramienta del castro-chavismo en las Américas, es el uso las asambleas constituyentes para destrozar la democracia, terminar con las repúblicas, instituir mecanismos de opresión y represión, hacer desaparecer la igualdad de los ciudadanos, terminar con el estado de derecho y en suma instituir regímenes dictatoriales disfrazados de democracias de la mano de "nuevas constituciones" que han quedado convertidas en simples textos de operación dictatorial, que cuando ya no son suficientes pueden ser cambiadas al antojo del régimen.

El falso auto denominado "nuevo" constitucionalismo latinoamericano alentado y bien financiado por los dictadores Castro y Chávez, por medio de abogados y profesores españoles, ha pretendido instituir el principio de que las "constituciones son instrumentos de la revolución", y por lo tanto pueden cambiarlas cuando las circunstancias y el interés del poder omnipotente de los dictadores lo necesite. Así han hecho y/o cambiado las constituciones de Venezuela, Bolivia, Ecuador, Nicaragua y simulado lo que llaman constitución de Cuba, que es simplemente un reglamento de mantenimiento indefinido de la dictadura.

Por ejemplo, en Bolivia, la denominada constitución del estado plurinacional que rige hoy, destruyó la República de Bolivia y la suplantó por el modelo castrista que sostiene en el poder a Evo Morales. Fue impuesta violando el régimen constitucional boliviano, falsificando una asamblea constituyente no prevista ni permitida, simulando una constituyente, cuya propuesta fue modificada por una comisión del congreso ordinario que terminó redactando lo que el castrismo buscaba en base a la ley 3941, que es el mejor ejemplo de usurpación de funciones trasladadas de la constituyente (ya ilegal e ilegítima) a un congreso controlado. La constitución de Evo Morales es una más del castrismo o socialismo del siglo XXI, impuesta violando el estado de derecho, o sea un golpe de estado.

La constituyente de Ecuador es tristemente recordada por sus "mandatos" constitucionales, que quedaron convertidos en simples instrumentos de violación de derechos humanos y libertades fundamentales, como el icónico "mandato 13", que permanecerá en los anales de derecho como un absurdo de inconcebible acto constitucional de ejercicio dictatorial.

Lo que intenta hoy en Venezuela el dictador Maduro es simplemente pasar a la fase final del modelo de la dictadura castrista, al fascismo corporativista y delictivo, para continuar reteniendo ilegítimamente el poder y sometiendo por la fuerza al pueblo. Es la intención de usar el pretexto de constituyente para poner en vigencia un reglamento dictatorial aplicable por la fuerza violatoria de los derechos humanos, y dar un pretexto para que los cómplices frontales y encubiertos del sistema dictatorial castrista a nivel internacional lo sigan tolerando y apoyando.

El pueblo venezolano es víctima de un descarado intento de legitimar la dictadura profundizándola a un sistema corporativo y totalitario, frente a una comunidad internacional que observa silenciosa como estos hechos criminales se convocan, se desarrollan y buscan consolidarse. Lo que se vive hoy en Venezuela con la convocatoria de Nicolás Maduro a su maniobra constituyente, es simplemente una farsa criminal repetida y vigente en la América no democrática del denominado socialismo del siglo XXI, que muestra abiertamente su carácter fascista hasta ahora disfrazado de populismo, de izquierdismo o de progresismo.

SINCERAR LA POLÍTICA Y DERROTAR LAS DICTADURAS CASTROCHAVISTAS

01 de octubre de 2017

El año 1999 la única dictadura en las Américas era la Cuba castrista que se salvó y expandió con el proyecto castrochavista, llevando a Venezuela, Bolivia, Nicaragua y Ecuador al grupo de las dictaduras del socialismo del siglo XXI. Hoy existen "las dos Américas", la democrática y la dictatorial, la que tiene libertad con oposición política real, que permite la alternancia en el poder, y la que tiraniza estrechos espacios solo para mantener fachada de democracia con fraude electoral. Para recuperar la democracia es necesario sincerar la política estableciendo claramente que en las dictaduras castrochavistas no existe posibilidad de oposición, y actuar en consecuencia.

Las dictaduras del siglo XXI en las Américas podrán manipular y eventualmente retener el poder casi indefinidamente si los defensores de la libertad y la democracia en Venezuela, Bolivia, Nicaragua y Ecuador siguen creyendo o haciendo juego a la "simulación de democracia", convencidos de que son "oposición", que "tienen libertad e igualdad" política frente al régimen, que actúan en base a "reglas claras", que pueden "ganar elecciones" y llegar al poder, que el gobierno debe "respetar los resultados electorales", que por medio de la "conquista de espacios locales o municipales" se avanza a la derrota del régimen, o que las autoridades elegidas "pueden ejercer libremente sus funciones".

En democracia, "oposición" es el ejercicio de la "libertad fundamental" de pensar, disentir, organizarse para acceder al poder político; representa al grupo de personas, partidos u organizaciones políticas con pensamiento, ideología o programas diferentes al grupo que ostenta el poder; es esencial al sistema democrático, y una oposición real debe "tener la posibilidad de acceder al poder por los mecanismos democráticos". En cambio, en las dictaduras castrochavistas se llama oposición a los grupos que permanecen tolerando el sistema, aceptando todas las restricciones a la libertad, a la participación y la transparencia, admitiendo procesos electorales y políticos "sin que existan condiciones de democracia", tolerando amenazas y limitaciones impuestas por la "metodología del miedo" instaurada por el régimen.

No hay democracia parcial ni a medias. No hay democracia bajo el miedo de que si los dirigentes o miembros de la llamada oposición no hacen lo que el régimen quiere o pide pueden ser enjuiciados, perseguidos, presos políticos, forzados al exilio o extorsionados con amenazas sobre sus familiares, secuestros, torturas, o presiones sobre los bienes y el patrimonio propio y/o de sus parientes, como ha sucedido y sucede en Venezuela, Bolivia, Ecuador y Nicaragua. NO hay democracia en regímenes que con un pretexto antiimperialista forman grupos armados paramilitares para atacar al pueblo. NO hay ni democracia ni posibilidad de oposición sin libertad de prensa, con perseguidos, presos y exiliados políticos.

NO existe oposición sin "condiciones de democracia", que son: "respeto a los derechos humanos y las libertades fundamentales", vigencia del "estado de derecho", "separación e independencia de los poderes públicos", "elecciones libres y limpias" y "un régimen plural de partidos y organizaciones políticas", los elementos esenciales de la democracia contenidos en la Carta Democrática Interamericana.

En esta situación es urgente "sincerar la política". Esto es reconocer la realidad objetiva y "aceptar la verdad" señalando a los regímenes de Venezuela, Bolivia, Nicaragua y Ecuador como dictaduras del castrochavismo. Se trata de un cambio estratégico vital porque el objetivo de ganarle el poder al régimen dictatorial por medio de elecciones, y en un sistema que él manipula y controla, se cambia por el objetivo de RESTITUIR, RECUPERAR, RESTAURAR O RETORNAR LA DEMOCRACIA, con la consecuencia inmediata y esencial de fijar solo dos opciones y saber quiénes están de parte de la dictadura y quiénes de parte de la recuperación de la democracia.

Sincerar la política en los países con dictaduras castrochavistas no quiere decir dejar de luchar. Todo lo contrario. Quiere decir luchar mejor y con claridad. Se trata de que los políticos y los partidos reconozcan que su lucha por espacios de poder en el sistema controlado por la dictadura es una quimera y trabajen juntos para, primero, recuperar la democracia. Es una estrategia en dos tiempos. Primero, volver a tener democracia y luego, en condiciones de democracia, disputar el poder con estado de derecho, igualdad, libertad, respeto a los derechos humanos, transparencia, división de poderes, prensa libre, sin presos ni exiliados políticos… Es como si un invasor hubiera ocupado la Patria, frente a lo que todo el pueblo, sin distinción de ideologías, de credos o de posición económica o social, se une para enfrentar y derrotar al invasor, pues lo que importa es recuperar la libertad. De eso se trata.

Hoy la dictadura de Venezuela, con un Nicolás Maduro amenazante, manipula y extorsiona como quiere a la llamada oposición que ha logrado desacreditar. El dictador Evo Morales en Bolivia digita sus órganos judiciales para obtener su reelección indefinida, usando su constitución plurinacional de facto y reclutando apoyos —directos de compromiso o indirectos bajo amenaza— de la proclamada oposición. La dictadura de Daniel Ortega y su cónyuge en Nicaragua prepara elecciones manipulando la fracción de oposición que le conviene. Lenín Moreno en Ecuador tiene la oportunidad de sacar a su país de la condición de dictadura, pero hasta ahora solo parecen discrepancias con pocas o ninguna acción, mientras el régimen dictatorial de Rafael Correa se mantiene y opera con una oposición que parece calcular.

"MÉTODO VIL" CASTROCHAVISTA:
ACHACAR SUS CRÍMENES A LAS VÍCTIMAS

08 de octubre de 2017

En Cuba, Venezuela, Bolivia, Ecuador y Nicaragua, los jefes y miembros del gobierno han cometido y cometen graves delitos para tomar y retener indefinidamente el poder. Abarcan la violación de prácticamente todos los derechos humanos, desde delitos contra la vida, la libertad, la seguridad, el trabajo, la propiedad y se extienden a traición a la Patria, sometimiento a poder extranjero y operación como grupos de delincuencia organizada transnacional. La característica recurrente es atribuir sus crímenes a las víctimas, culpar de los hechos delictivos a quienes los sufren y/o a quienes se opusieron a ellos, aplicando un "método vil" de desinformación y represión que es elemento esencial de las dictaduras castrochavistas.

Achacar es "atribuir, imputar a alguien o algo un delito, culpa, defecto o desgracia, generalmente con malicia o sin fundamento", y cuando esta situación se convierte en política de Estado manipulada por los detentadores del poder arbitrario e indefinido, constituye otro delito de falsificación de la verdad con gravísimas consecuencias para la libertad y la seguridad de los ciudadanos pues su propósito es establecer un régimen de "miedo" para mantener el gobierno ilegítimo.

Los expertos lo describen como parte de la "metodología castrista de control social", o sea una de las herramientas que la dictadura castrista de Cuba ha institucionalizado para permanecer en el poder sobre la miseria y el miedo de su pueblo. El "método vil" ha sido expandido junto con el desarrollo del castrochavismo, que con dinero y petróleo venezolanos ha llevado a Venezuela también a la miseria ya las Américas a una situación de inseguridad y oprobio, dividiendo la región entre democracias y dictaduras.

La aplicación de este "método vil" para encubrir los crímenes de estado y los delitos de los grupos de delincuencia organizada que controlan los regímenes de Cuba, Venezuela, Bolivia, Ecuador y Nicaragua, va desde su utilización en declaraciones oficiales, campañas de prensa y propaganda, hasta acusaciones, enjuiciamientos y procesos que producen "sentencias infames", presos políticos, perseguidos y exiliados políticos y sostenidas campañas de "asesinato de la reputación".

La aplicación más reciente del "método vil" la hizo el ministro de Relaciones Exteriores de la dictadura de Cuba que "ha acusado a los Estados Unidos de deteriorar las relaciones bilaterales" achacando al país cuyos diplomáticos fueron víctimas de los "ataques sónicos en La Habana", de una consecuencia de evidente responsabilidad de la dictadura castrista luego de que Estados Unidos denunció que por lo menos 21 miembros de su misión diplomática en Cuba han sido víctimas de ataques sónicos con graves consecuencias en la salud, por lo que el Secretario de Estado Rex Tillerson anunció "la decisión de reducir significativamente el personal diplomático de su Embajada en La Habana y retirar a todos los familiares".

En la capital cubana, con un régimen totalitario como el castrista que controla todo y especialmente los elementos y medios tecnológicos, ¿quién puede creerle al castrismo que no fue el gobierno cubano o que no sabía lo que se hacía contra los diplomáticos estadounidenses?… Pero ya encontraron culpables y son las víctimas y obviamente el gobierno de Estados Unidos. Por aplicación del método vil de achacar sus crímenes a sus víctimas la versión oficial en La Habana es que "Estados Unidos deteriora las relaciones bilaterales" porque dizque "Cuba jamás ha perpetrado ni perpetrará ataques de ninguna naturaleza contra…"

Así como lo aplican con la primera potencia mundial, el castrochavismo usa el "método vil" en Venezuela donde Nicolás Maduro ha acusado y condenado a Leopoldo López de los asesinatos cometidos por la dictadura, donde ha encarcelado al alcalde Ledezma por los crímenes del gobierno, donde hay decenas de presos políticos, torturados, condenados y acusados de crímenes que nunca han cometido y que han sido perpetrados por quienes hacen de acusadores, testigos y verdugos. Decenas de miles de exiliados venezolanos son el testimonio extendido en el mundo del "método vil" de sindicar inocentes para proteger delincuentes.

El Ecuador aplicó el "método vil" con Rafael Correa que el 30 de septiembre de 2010 (30S) enjuició y encarceló a las víctimas incluyendo al coronel que lo atendió y lo protegió; o las sentencias judiciales por un twit, o por aplaudir como el caso Endara, o los enjuiciamientos a periodistas y confiscaciones de medios de comunicación para encubrir la corrupción y controlar la prensa. El nuevo presidente Lenin Moreno tiene la oportunidad de anular y reparar lo que el "método vil" ha ocasionado y sacar a su país del grupo de dictaduras castrochavistas, pero hasta ahora todo sigue igual.

En Bolivia, Evo Morales rinde homenaje al Che Guevara a los 50 años de su derrota guerrillera por el Ejército de Bolivia, y el "método vil" opera para tratar de presentar como héroe al agresor sanguinario que invadió Bolivia y mató decenas de bolivianos, al fusilador de Cuba y matón del Congo, cuya foto imponen en oficinas públicas y escuelas, con monumentos y hasta una condecoración, mientras encarcelan a los defensores de Bolivia como al General Gary Prado que capturó al Che, o los humillan como a los excombatientes de Ñancahuazú. Evo Morales usa el "método vil" con la masacre de octubre de

2003 —de la que se protege con decretos de amnistía— que organizó y ejecutó para derrocar al Presidente Constitucional, y con cerca de 20 masacres que ha perpetrado en La Calancha, el Hotel las Américas, el Porvenir, Cochabamba…donde siempre achaca a sus víctimas los crímenes que perpetra y firma y actúa como acusador para no ser juzgado y condenado.

El "método vil" —desarrollado por la dictadura cubana— de achacar sus crímenes a sus víctimas está en plena acción y es ahora parte de la patente dictatorial castrochavista. El lector puede apuntar miles de casos más…

DICTADURAS TRAEN A LAS AMÉRICAS AMENAZAS CONTRA LA PAZ Y SEGURIDAD

26 de noviembre de 2017

El canciller de la dictadura de Corea del Norte ha llegado a Cuba con un mensaje secreto del dictador Kim Jong-un para el dictador Raúl Castro y con diferencia de horas el vicepresidente de Irán ha llegado a Bolivia donde reunido con el dictador Nicolás Maduro de Venezuela le ha brindado su apoyo público, además de estrechar lazos con su anfitrión el dictador Evo Morales. Son hechos políticos no casuales, cuando las dictaduras de las Américas están señaladas por la comunidad internacional y Estados Unidos ejecuta el cambio en su política exterior en defensa de los derechos humanos y la democracia. Todo indica que las dictaduras castrochavistas han decidido trasladar abiertamente a la región las amenazas a la paz y seguridad internacionales que sus aliados de Corea del Norte e Irán representan para el mundo.

El mensaje de los regímenes no democráticos es *"dictadores del mundo uníos"*. Las extremas crisis de las dictaduras en Cuba y Venezuela, la evidencia como dictaduras emergentes de Bolivia y Nicaragua y sus crisis encubiertas, el desmarque del nuevo gobierno de Ecuador que intenta retornar a la democracia, la corrupción, la condición de narcoestados, el sostenimiento y participación en actividades criminales y de terrorismo, han llevado a los Castro, Maduro, Morales y Ortega a pasar de operaciones encubiertas o discretas, a acciones abiertas en sus alianzas con la dictadura de Corea del Norte y con el régimen teocrático de Irán, además de proclamar el respaldo de Rusia y China.

En tiempos de la guerra fría, Latinoamérica fue zona de disputa entre el capitalismo liderado por los EEUU y el comunismo de la extinta Unión de Repúblicas Socialistas Soviéticas (URSS), con su punto más álgido en la crisis de los misiles en Cuba de 1962. La región soportó guerrillas urbanas y rurales, golpes de estado, regímenes militares de ambos bandos, intervenciones y todo tipo de maniobras registradas en la historia. Luego la caída del muro de Berlín y la desaparición de la URSS, la única dictadura en Las Américas era la castrista en Cuba que se extinguía de hambre en su "período especial" hasta que el año 1999 llegó Hugo Chávez con el dinero para rescatarla, sostenerla y expandirla a lo que hoy se conoce como castrochavismo.

El castrochavismo es el acrónimo del proyecto político resultante de la alianza entre Fidel Castro y Hugo Chávez, gobernantes de Cuba y Venezuela que con las "capacidades subversivas" del régimen dictatorial Cuba y el "dinero del petróleo" de Venezuela, a partir de 1999 recrearon el plan criminal de comunismo castrista y antidemocrático con discurso antimperialista. Lo denominaron movimiento bolivariano, Alba y socialismo del siglo XXI. Organizaron el más agresivo y exitoso plan de desestabilización de la democracia que llevó a sus promotores al control directo de la mayoría de los países latinoamericanos y al sometimiento de toda la región incluyendo la Organización de Estados Americanos (OEA) y organismos especializados como la Organización Panamericana de la Salud (OPS), gran poder en la Organización de Naciones Unidas (ONU) por medio de un sindicato de votos, la creación de organismos subregionales y más.

El castrochavismo ha instituido, organizado y sostiene los regímenes dictatoriales que además de Cuba y Venezuela gobiernan hoy Bolivia con Evo Morales, Nicaragua con Daniel Ortega y el Ecuador de Rafael Correa y en aparente proceso de cambio. Fue liderado por Hugo Chávez hasta su muerte, secundado por Fidel Castro y desde entonces está bajo el control total de la dictadura castrista de Cuba. Entre otros, han perdido el control de la Argentina de los Kirchner, Brasil de Lula y Rousseff, la OEA de Insulza y tienen como su brazo estratégico a las FARC en Colombia.

Con su proclamado antimperialismo y anticapitalismo, en base a dinero, el castrochavismo buscó expandirse en Europa penetrando España, influye en la política norteamericana de la misma manera y además sosteniendo y pagando costosos lobbies y gestiones de relaciones públicas, pero sobre todo siempre buscó alianzas con los enemigos de EEUU. En ese camino el castrochavismo abrió Latinoamérica al islamismo, al soporte del terrorismo, a créditos e inversiones chinas plagadas de corrupción y sin transparencia, al entreguismo territorial, a la abierta presencia rusa con rótulo de cooperación.

En julio de 2013 el barco norcoreano Chong Chong Gang procedente de Cuba con destino a Corea del Norte, fue interceptado en Panamá con equipo de misiles, armas y aviones que la dictadura castrista enviaba de contrabando a la dictadura de Corea del Norte en franca violación de las resoluciones de la ONU. El Consejo de Seguridad de la ONU ha aprobado sucesivas y reiteradas sanciones contra Corea del Norte por el programa de misiles nucleares que lleva adelante esa dictadura, que ha continuado realizando pruebas nucleares amenazando a la paz y seguridad internacionales.

Pese al acuerdo sobre desarrollo nuclear firmado hace dos años, Irán ha continuado con "actividades hostiles" contra la paz y seguridad internacionales desarrollando un "programa de misiles" y ataques cibernéticos contra los EEUU por los que éste le ha impuesto nuevas sanciones en julio pasado. El régimen político iraní es una "teocracia islámica electoralizada", que como las dictaduras castrochavistas utilizan las elecciones —controladas, manipuladas y generalmente fraudulentas— como mecanismo para simular voluntad popular mientras la someten y oprimen.

La realidad objetiva está mostrando que los territorios de los países controlados por las dictaduras castrochavistas han sido convertidos en plataformas de Corea del Norte y de Irán en las Américas con consecuencias imprevisibles.

TRANSNACIONAL DE DICTADURAS: CUBA, VENEZUELA, BOLIVIA Y NICARAGUA

10 de diciembre de 2017

La dictadura en Bolivia ya está en evidencia internacional y agregada a la lista de Cuba, Venezuela y Nicaragua. La gravedad y reincidencia de sus crímenes impone la perpetuación indefinida de Evo Morales en el poder, por necesidad de impunidad, pero señala al propio tiempo su final. Reproducen en Bolivia el modelo aplicado en Cuba, Venezuela, Nicaragua y Ecuador. El pueblo boliviano ha empezado a luchar para rescatar la democracia y la República, pero urge identificar el adversario en el castrochavismo como transnacional de dictaduras que ha implantado el narco estado plurinacional fallido en Bolivia.

El castrochavismo se establece a perpetuidad, para siempre, bajo el modelo de los dictadores Castro de Cuba que dejan el gobierno cuando se mueren o cuando pierden las capacidades físicas para ejercerlo. Así lo hizo Fidel y ahora Raúl Castro. El dictador Hugo Chávez pasó por eso y solo la muerte lo separó del ejercicio totalitario del gobierno. Rafael Correa creyó que podía entregar temporalmente el gobierno reteniendo el poder, pero la crisis económica a la que llevó al Ecuador, el rechazo extremo a su persona y el dudoso triunfo electoral de su partido, hacen que su mismo régimen lo desprecie.

Los dictadores liquidan la democracia e imponen un "nuevo orden legal" para su beneficio y para el cumplimiento de su principal propósito que es la concentración total del poder indefinidamente. Todo el poder en sus manos y para siempre es objetivo de los gobernantes de Cuba, Venezuela, Nicaragua, Bolivia, hasta hace poco de Ecuador con Correa y ahora con esperanza de cambio. De esta manera hay "dos Américas" la democrática y la dictatorial.

Suplantan las constituciones y hasta el nombre del país, modifican los símbolos nacionales y agregan otros, crean nuevas denominaciones, violan los derechos humanos como practica institucionalizada, terminan con el estado de derecho, subvierten los principios universales del derecho, mantienen en la forma la división e independencia de los poderes públicos cuando en realidad manejan todo, hacen de las elecciones procesos de fraude y simulación, controlan la prensa, persiguen y encarcelan a los opositores reales y generan una oposición controlada. Intervienen con presencia castrista y corrompen los mandos militares y policiales para convertir las fuerzas armadas de la Nación en las fuerzas uniformadas del régimen.

Alientan el enfrentamiento interno, multiplicando los ejes de confrontación más allá de la lucha de clases a la lucha regional, racial, de género, generaciones, barrios, gremios, creencias, religiones y todo lo que les permita debilitar el tejido social. Cambian los sistemas y contenidos de estudios para adoctrinar y entrenar en lugar de educar a la niñez y juventud e inventan su propia versión de la historia. Usan grupos de adoctrinamiento y formación política del castrismo cubano con fachadas como la alfabetización, educación y servicios médicos.

Imponen el estatismo y la concentración de la economía. Confiscan, intervienen y quiebran empresas a su elección, persiguen empresarios y crean la burguesía de la dictadura. Tienen la corrupción como elemento esencial. Disparan infinitamente la deuda externa y se apoderan de los recursos internos, liquidan la industria nacional, son entreguistas de recursos naturales y llevan a sus pueblos a crisis que los sumen en la miseria mientras los jerarcas del régimen, sus familias y entornos ostentan condición de nuevos ricos. Operan el narcotráfico al que justifican como instrumento de lucha antiimperialista para legitimar el crimen en sus narco estados.

Reemplazan el servicio público por su sistema de delincuencia organizada que hace del Estado instrumento de crimen e impunidad con presentación populista y revolucionaria, dogmas de izquierda, discurso antiimperialista y antinorteamericano. Presentan abiertamente sus antiguas relaciones con grupos terroristas internacionales, dictaduras, estados fallidos y totalitarios, usando su número para protegerse y ocupar espacios en organismos internacionales.

En Bolivia liquidaron la República y crearon en el año 2009 un estado plurinacional del que Evo Morales se autoproclamó primer presidente; impusieron una constitución con retroactividad de la ley como instrumento de persecución política; confrontaron a los bolivianos con el falso discurso de indigenismo para exacerbar el racismo y la discriminación racial; pusieron en marcha la ruptura de la "nación boliviana" pretendiendo reemplazarla por 36 nacionalidades entre las que no está la boliviana; crearon un "narco estado" con el incremento de los cultivos de coca ilegal y ampliación innecesaria de la legal, integrando la producción de cocaína con organizaciones sindicales presididas por Evo Morales y que son el principal soporte político de su dictadura.

El acto que quitó toda duda sobre la dictadura en Bolivia fue el fallo del tribunal constitucional plurinacional declarando "inconstitucional su constitución" con la "aplicación preferente de un tratado internacional sobre la constitución" y declarando como "derecho humano de Evo Morales el poder reelegirse indefinidamente". Acaban de simular la "elección de jueces" que ha sido ganada por el "voto nulo" que muestra el repudio de cerca del 70% de los bolivianos a la dictadura; sin embargo, el régimen ha informado solo sobre los votos válidos y ha dado por electos a sus nuevos títeres en el poder judicial.

Nada de lo que ha pasado y sucede ahora en Bolivia, que azota a Venezuela y Nicaragua desde hace tiempo, son proyectos nacionales creadas por Evo Morales, Maduro, Ortega y sus regímenes, es el modelo cubano de 60 años, reiniciado en 1999 con dinero y petróleo venezolanos y sostenido con recursos provenientes del crimen que va desde la corrupción hasta el narco. Es la realidad objetiva y el error que la estrategia no perdona es equivocarse en la identificación del adversario.

VENEZUELA

OEA SUSPENDERÁ A LA DICTADURA VENEZOLANA

El Secretario General de la Organización de Estados Americanos (OEA) Luis Almagro, emitió un segundo informe sobre "la alteración del orden constitucional y del orden democrático en Venezuela" este 14 de marzo, pasando a la fase final de la aplicación de la Carta Democrática Interamericana (CDI) para una solución institucional a la crisis provocada por el régimen dictatorial venezolano. En 30 días Nicolás Maduro debe realizar un "llamado a elecciones generales, liberación de los presos políticos, validación las leyes que han sido anuladas, elección de un nuevo Consejo Nacional Electoral (CNE) y un nuevo Tribunal Supremo de Justicia (TSJ) conforme a los procedimientos establecidos en la Constitución", o caso contrario, la OEA suspenderá al gobierno de Venezuela.

La Carta de la OEA "reconoce que la democracia representativa es indispensable para la estabilidad, la paz y el desarrollo de la región". Aplicando ese principio y el propósito de "promover y consolidar la democracia representativa" todos los estados miembros aprobaron la CDI el 11 de septiembre de 2001, que en su artículo primero reconoce que los "pueblos de América tienen derecho a la democracia y sus gobiernos la obligación de promoverla y defenderla", y proclama que "la democracia es esencial para el desarrollo social, político y económico de los pueblos de las Américas". Fija los "elementos esenciales de la democracia", afirma que "la democracia es indispensable para el ejercicio efectivo de las libertades fundamentales y los derechos humanos", y que "la democracia y el desarrollo económico y social son interdependientes y se refuerzan mutuamente".

La CDI no es solo un instrumento conceptual y declarativo pues en su capítulo IV contiene mecanismos de "fortalecimiento y preservación de la institucionalidad democrática", estableciendo del artículo 17 al 22 un sistema para que la "democracia no sea inerme o indefensa". Es un procedimiento de cumplimiento obligatorio para los estados miembros por medio de sus gobiernos. Por eso la activación y aplicación de la CDI es solo el cumplimiento de las propias normas que sobre democracia se han dado los estados, sujetando sus actos a obligaciones que reflejan principios y valores de vigencia universal en garantía de los pueblos que son los titulares de la soberanía.

Durante toda la década del secretariado general de Insulza en la OEA los principios y obligaciones relativos a la democracia fueron premeditada y deliberadamente soslayados, manipulados e incumplidos por acción directa y mandato del poder político Chávez-Castro que controló la mayoría de los votos en base a la prebenda del petróleo venezolano (Petrocaribe), las millonarias ayudas económicas y el temor a la desestabilización y derrocamiento de gobiernos no alineados. La estrategia castrochavista buscaba acabar con la OEA a la que siempre señaló como instrumento del imperialismo norteamericano, para lo que crearon organismos de suplantación como UNASUR. No terminaron con la OEA, pero si la paralizaron y desprestigiaron, haciéndola inútil frente al derrocamiento de gobiernos constitucionales en Bolivia 2003 y Ecuador 2000 y 2005, o haciéndola actuar al revés como en Guatemala 2009.

El Secretario General Luis Almagro con su extraordinario primer informe sobre "la crisis en Venezuela" el 30 de Mayo de 2016 puso en marcha el rescate del cumplimiento de los objetivos y propósitos de la OEA. Logró que el 23 de junio de 2016 se reuniera el Consejo Permanente para tratar el informe y de esa manera "activó la CDI".

El impacto fue tremendo para el castrochavismo agrupado en el socialismo del siglo XXI (SSXXI) pues consideraba controlada la OEA con su mayoría de votos y además entendía que Almagro era "propias filas" como hombre de izquierda, elegido por ellos y ex ministro de José Mujica en Uruguay. La reacción del régimen venezolano, plagada de insultos, se concentró en simular mediación y diálogo, que como bien señala el Secretario General en su segundo informe, "fue decisivamente funcional a la estrategia del Gobierno de sostenerse en el poder".

El segundo informe Almagro sobre Venezuela es lapidario. Demuestra con valentía que "Venezuela viola todos los artículos de la Carta Democrática Interamericana"; afirma que "nuestros esfuerzos deben concentrarse en restaurar el derecho a la democracia del pueblo venezolano"; que "el pueblo de Venezuela se enfrenta a un gobierno que ha dejado de ser responsable, la Constitución ha dejado de tener sentido"; que "el estado de derecho no está vigente en Venezuela, ha sido eliminado por un poder judicial completamente controlado por el Poder Ejecutivo"; que "hoy en Venezuela ningún ciudadano tiene posibilidades de hacer valer sus derechos"; que toda la situación demostrada y de conocimiento mundial "nos hace cómplices desde la comodidad de esperar por la acción de otros" y "genera responsabilidad por omisión".

El "informe de seguimiento" señala que "si no se realizan elecciones generales bajo las condiciones estipuladas (en 30 días) pasaría a ser el momento necesario para aplicar la suspensión a Venezuela de las actividades de la Organización en función del Art. 21 de la CDI". La propuesta urge una "salida real" a la crisis reconociendo que "cuando la gente habla de salida real habla de derrocar a un gobierno" y afirmando que "nosotros (en la OEA) debemos hablar de elecciones". El Secretario Almagro asegura la suspensión de Venezuela cuando les dice a los gobernantes de la región que *los valores de la*

Organización y de nuestros países no permiten compartir la mesa con un gobierno que rompe el orden democrático, que viola con impunidad los derechos de sus nacionales, que mantiene presos políticos, que tortura, que roba, que corrompe, que trafica drogas y que mantiene a su población sometida la falta de alimentos, de medicinas y de dinero para subsistir".

VENEZUELA, ÚLTIMA TRINCHERA DEL IMPERIO DICTATORIAL CASTRISTA

23 de abril de 2017

La extraordinaria lucha del pueblo venezolano por recuperar su libertad hubiera tenido éxito hace mucho tiempo si se tratara solamente de una confrontación interna entre venezolanos. El problema radica en que se enfrentan —casi solos— al imperio dictatorial castrista que ha convertido a Venezuela en su principal colonia. El triunfo del pueblo venezolano hace que Cuba pierda la hegemonía regional y sea forzada a defenderse en su propio territorio, por eso Venezuela es la última trinchera del imperio dictatorial castrista.

El enemigo real del pueblo venezolano es la dictadura cubana que tiene subordinadas las dictaduras del socialismo del siglo XXI (SSXXI) Venezuela, Ecuador, Bolivia y Nicaragua y que controla por medio de la prebenda con petróleo venezolano, a los países del Petrocaribe que son —además de Cuba y Venezuela— la República Dominicana, Nicaragua, Antigua y Barbuda, Bahamas, Belice, Dominica, Granada, Guyana, Jamaica, Surinam, Santa Lucia, Salvador, Guatemala, San Cristóbal y Nieves, San Vicente y las Granadinas, Honduras y Haití.

El control de los países del SSXXI y del Petrocaribe representa que Cuba sin estar activamente en la Organización de Estados Americanos (OEA), maneja un total de 22 votos de los 35 miembros activos. Por eso, mientras Cuba opere el gobierno títere de Nicolás Maduro en Venezuela o lo reemplace por un nuevo operador castrista, podrá sostener el control del Petrocaribe y en consecuencia manipulará la mayoría de votos en la OEA, amenazando y paralizando el rescate de sus principios y valores que lidera el Secretario General Luis Almagro. Esto hace imposible cualquier acción efectiva a favor de la democracia y cualquier sanción contra las dictaduras, incluso frente al fraude electoral, como acaba de suceder en Ecuador.

Esta estructura de poder regional fue creada por Hugo Chávez asociado con Fidel Castro con el dinero del petróleo venezolano, luego apoyado por la corrupción y el narcotráfico, con proclama antiimperialista y fue liderada por Chávez hasta su muerte. Mientras Chávez vivió, él era el líder, el jefe y los Castro estaban relegados a un segundo plano, al extremo que para dar un rol a Fidel Castro crearon esa especie de "oráculo de La Habana" donde todos visitaban y pedían consejo al dictador cubano mientras Chávez viajaba, intervenía, derrocaba o sostenía gobiernos, daba órdenes, repartía dinero, insultaba y amenazaba a los Estados Unidos y ejercía el poder en la región trapeando al secretario Insulza, señalando confiscaciones, presos, exilios o premios.

La muerte de Hugo Chávez entregó al castrismo el liderazgo político de América Latina. La primera demostración fue la institución del sucesor de Chávez en Venezuela con Nicolás Maduro, a dedo en la interna chavista y con fraude en las elecciones del 2013 contra Capriles. Así el castrismo subordinó al chavismo dentro la denominada revolución bolivariana y con gobierno castrista Venezuela quedó convertida en su colonia. Castro reemplazó al Chávez muerto en la jefatura del delirante pero extendido proyecto del SSXXI y con ese poder Cuba consolidó el control de instituciones en Naciones Unidas (ONU), la OEA, ganó influencia sobre el Vaticano y en el gobierno de los Estados Unidos llegando a la "normalización de relaciones".

Con Chávez vivo, las FARC eran un aliado subordinado del proyecto SSXXI introducidas por el castrismo que las sostenía, protegía y usaba desde varios años atrás. Cuba pasó de aliado de las FARC a mediador imparcial y condujo el "proceso de paz Colombia-FARC- que terminó firmado pese a la oposición del pueblo colombiano que dijo NO en el plebiscito. La relación FARC-castrismo-chavismo convirtió rápidamente a los limítrofes Venezuela y Ecuador en soporte de la guerrilla, pero hizo de Venezuela el "eje del narcotráfico", nutrido por la producción colombiana y la del cocalero Evo Morales en Bolivia, con efectos tan notorios como los sobrinos de la primera dama venezolana presos por narcos en Nueva York, el jefe antinarcóticos de Morales condenado por narco en la Florida y el actual vicepresidente El Aissami acusado de narcotráfico, entre muchos otros.

La dictadura castrista acercó y facilitó la penetración de Rusia, Irán, Corea del Norte a sus territorios controlados de Venezuela, Ecuador, Bolivia, Nicaragua, la Argentina de los Kirchner, el Brasil de Lula y Rousseff, y obviamente en los países del Petrocaribe. El fortalecimiento de estas alianzas mundiales le otorgó un poder que hasta ahora detenta en la ONU y en sus organismos especializados, acrecentando su capacidad de confrontación y negociación con los Estados Unidos. El gran flujo de dinero le permitió favorecer negocios en toda la región con contrapartes amistosas del castrismo haciendo, por ejemplo, aliado incondicional al Gobierno español de Rodríguez Zapatero.

Este apretado resumen es historia verificada. Demuestra que el pueblo venezolano, en la recuperación de su libertad y su democracia, no está luchando contra el "dictador títere Nicolás Maduro", no es un problema interno entre venezolanos. El enemigo es el "imperialismo dictatorial castrista" con su centro de poder hegemónico en La Habana y con: sus incondicionales Ecuador, Bolivia, Nicaragua, Salvador; con 18 países más del Petrocaribe; con las FARC y el narcotráfico movilizados (como lo estuvieron para el derrocamiento del presidente boliviano el 2003); con un aparato de control y/o neutralización de organizaciones internacionales; con aliados mundiales muy poderosos coincidentes en su ataque a Estados Unidos y/o en muy buenos negocios; con corruptela transnacional que teme el destape de sus crímenes; con nuevos ricos operando medios de comunicación y prensa; con dinero ilimitado para corromper; con vinculaciones al terrorismo islámico. Por su propia seguridad las democracias no pueden dejar solo al pueblo venezolano.

PERSISTIR Y REPUDIAR A LA DICTADURA CASTRISTA DE VENEZUELA

07 de mayo de 2017

En la desigual confrontación del castrismo contra el pueblo venezolano la dictadura ya está moral y políticamente derrotada, pero se mantiene con el uso de la fuerza interna y de la complicidad internacional de los gobiernos aliados y sometidos a La Habana. La estrategia que aplican para la permanencia de Nicolás Maduro en el poder está basada en "ganar tiempo, dividir a la oposición y administrar el miedo", que no es novedosa pero que les ha sido generalmente exitosa. Frente a tremenda experticia criminal, en este momento crucial de la lucha del pueblo venezolano por la libertad y democracia, hay que "persistir" en la protesta legítima y exigir el repudio internacional contra la dictadura venezolana.

Persistir es "mantenerse firme y constante en algo" y "durar por largo tiempo". Por eso el peor enemigo del castrismo en Venezuela es la exigencia popular para que la dictadura deje el poder, es el valor de todo el pueblo venezolano volcado a las calles. Ya no se trata de concesiones, diálogos o elecciones; la voz del pueblo clama "fuera Maduro fuera". La crisis en Venezuela está en el punto en que o la dictadura se acaba con la salida del régimen castrista o éste consolida la segunda Cuba de la región.

Los venezolanos han sido reiterativos y han ejercido presión creciente para retornar a un sistema de garantías y ejercicio pleno de derechos hasta llegar a la situación actual en la que el pueblo se confronta en las calles de todo el país contra un gobierno parapetado en su crisis, en su corrupción, en sus crímenes, en el narcotráfico, en la violación de los derechos humanos, en sus slogans y doctrina contra el imperialismo norteamericano y en el control del poder total como garantía de impunidad.

Venezuela es hoy un país paralizado por la protesta legítima, con niveles de aceptación del gobierno inferiores al diez por ciento, con una crisis humanitaria que produce muerte por falta de comida y medicina, con la economía destrozada, con una deuda externa multimillonaria de cifras secretas, con híper corrupción, con un régimen constituido en "narco estado", con un sistema de justicia que es parte del ejercicio dictatorial, con un poder electoral que es la dictadura misma, con grupos paramilitares irregulares organizados y dirigidos por el gobierno, con mandos militares obsecuentes a la dictadura, con presos políticos, con casi millones de emigrantes forzados y miles de exiliados políticos.

Los hechos demuestran que Nicolás Maduro y su dictadura son un gobierno de intervención, no un gobierno de Venezuela, pues no prioriza el mejor interés del pueblo venezolano, son castristas por encima de los vitales intereses de sus ciudadanos y de su Patria. Maduro y sus socios, con los mandos militares, con el Tribunal Supremo de Justicia y el sistema judicial, con el Consejo Nacional Electoral, con la guardia bolivariana, con los grupos paramilitares, con los delincuentes denominados "colectivos", con sus milicias, con su prensa controlada, son "traidores a la Patria" y criminales in fraganti.

La última maniobra dictatorial para ganar tiempo consiste en la pretensión de engañar al mundo haciéndole creer que resolverán los problemas en democracia con la convocatoria a una "asamblea constituyente". Burda simulación destinada solo a profundizar y legalizar la dictadura abierta a la cubana en Venezuela, a instaurar la segunda Cuba. La lógica es sencilla, porque el crimen de estado institucionalizado funciona por más de 58 años en Cuba y no tienen porque no aplicarlo en Venezuela, más aún en un momento en que el castrismo ejerce el liderazgo político de América Latina y tiene como aliados a Rusia, Irán, Corea del Norte, China y todos los enemigos declarados o potenciales de los Estados Unidos.

No hay duda de que el pueblo venezolano persiste y persistirá hasta liberarse, pero para evitar que el alto precio que ya está pagando por recuperar la democracia sea más doloroso , el mundo libre, las democracias de las Américas y del mundo están obligadas —además por sus propios intereses y seguridad— a actuar efectivamente, dejando de lado las destempladas declaraciones de "preocupación" o expresiones de "solidaridad" y hasta "esperanza" que han venido formulando de manera tolerante con los verdugos de Venezuela.

Los gobiernos democráticos del mundo tienen la obligación de respaldar el respeto a los derechos fundamentales, la paz y la seguridad internacionales, y en el caso del pueblo venezolano eso es repudiar la dictadura castrista de Venezuela, seguir el ejemplo del Perú y proceder a retirar sus embajadores acreditados ante el gobierno de Nicolás Maduro porque no es ni legítimo ni legal. El valor y la persistencia de los venezolanos han conducido al momento en que la comunidad internacional debe definirse a favor de la libertad y la democracia o en respaldo de la dictadura y el oprobio. NO hay punto intermedio posible.

Cómo pueden los líderes de las democracias de la región y del mundo —sin miedo a ser cómplices o víctimas— mantener relaciones diplomáticas con un gobierno: que viola la obligaciones de la Carta de las Naciones Unidas porque es una amenaza para la paz y la seguridad internacionales, que no cumple ninguno de los elementos esenciales de la Carta Democrática Interamericana como lo prueban dos informes del Secretario General de la OEA, que viola abiertamente los derechos humanos de sus ciudadanos, que no tiene control efectivo de su territorio, que es un narco estado, que ha eliminado la libertad de prensa, que tiene presos políticos institucionalizando el secuestro y la persecución judicializadas, que todos los días mata a sus ciudadanos .

EL MAYOR PELIGRO DE VENEZUELA DICTATORIAL ES CONTRA ESTADOS UNIDOS

14 de mayo de 2017

En una de las fases más duras de la lucha del pueblo venezolano por recuperar su libertad, cuando la fuerza irresistible de la razón se confronta contra el aparente sistema inamovible de la dictadura, ante un régimen que utiliza la violencia y el engaño como principales medios de defensa de lo insostenible, no hay duda de que los venezolanos persistirán hasta que Nicolás Maduro deje el poder. En función de esta realidad, el statu quo no es opción y los escenarios posibles son el fin del régimen dictatorial o la profundización de la dictadura. Con el triunfo de la democracia ganarán todos los países de América, pero si la dictadura permanece —así sea temporalmente— se habrá afirmado el peligro contra la seguridad de la región, pero principalmente contra los Estados Unidos. La dictadura en Venezuela es un tema de seguridad nacional de los EEUU.

Ya nadie es imparcial frente a la crisis venezolana. Ha producido innumerables invocaciones y declaraciones de preocupación, solidaridad y toma de posiciones. Internamente los hechos muestran que la gran mayoría de los venezolanos exigen la salida de Maduro y el fin del régimen dictatorial, frente a un gobierno reducido a la mínima expresión de respaldo popular, paramilitarizado y que ejecuta la estrategia castrista de "ganar tiempo, dividir a la oposición y administrar el miedo".

Internacionalmente la dictadura de Venezuela tiene el apoyo abierto de las dictaduras del socialismo del siglo XXI, Cuba, Ecuador, Bolivia y Nicaragua y de sus aliados internacionales —no precisamente democráticos— Rusia, Irán, Corea del Norte, China…; todos articulados por la dictadura cubana. Es un bloque para el que la caída de Maduro es un daño porque pierden poder, riqueza e influencia geopolítica. Son un grupo auto proclamado antiimperialista y enemigo de los EEUU. La importancia de Venezuela para este grupo tiene que ver directamente con su peso internacional, la corrupción institucionalizada, el narcotráfico, las vinculaciones con el terrorismo de origen islámico y la presión migratoria contra los EEUU.

Otro grupo de apoyo internacional a la dictadura venezolana está integrado por "países controlados" del Petrocaribe, que por razones económicas respaldan la dictadura. Son necesitados de petróleo que por su dependencia y pobreza actúan hoy a favor de la dictadura movidos por los recursos petroleros de Venezuela. La paradoja es que la propia riqueza venezolana es la que sirve para sostener la opresión contra los venezolanos.

La amenaza de una crisis del Petrocaribe es una de las armas que usa el castrismo para sostener al régimen de Maduro, no solo contra los estados miembros, sino contra EEUU al que en tal crisis pondrían bajo presión migratoria y económica con la urgencia de reemplazar el petróleo venezolano. Para que la mayoría de los países del Petrocaribe tengan oportunidad de recuperar su independencia frente a las dictaduras, necesitan una opción política, un puente que reemplace la extorsión de que son víctimas y les permita vislumbrar un futuro de relaciones con dignidad y estabilidad con una Venezuela en democracia que podrá mantener la relación, pero para defender la democracia no para sostener dictaduras como la de Cuba.

El Vaticano ha quedado ubicado entre los sostenedores disimulados de la dictadura, secundando a un grupo de mediadores de dudosa imparcialidad con Maduro y participando del juego del "dialogo dictatorial" como mecanismo para "ganar tiempo". El artificio del diálogo ha conseguido desprestigiar las gestiones de la Asamblea Nacional que ha perdido más de un año en el asunto, soslayar las elecciones de gobernadores y la posibilidad ya superada de elecciones generales, dividir a la oposición con tratamientos diferenciados a los presos políticos, mantener en efecto y ejercicio el poder del dictador dándole reconocimiento de gobierno, sin ningún beneficio para el pueblo venezolano.

Del triple poder que maneja el Papa como pastor (guía de los católicos), Pontífice (Conductor de la Iglesia Católica) y jefe de Estado (Mandatario del Estado El Vaticano), hoy se ve al jefe del Estado El Vaticano seriamente comprometido a favor de la agenda dictatorial de la región, mientras que la Iglesia Católica de Venezuela por medio de la Conferencia Episcopal, sus obispos y el pueblo católico militan abiertamente en la causa de la democracia exigiendo el fin del régimen dictatorial castrista.

Perú, Costa Rica, Argentina, México, Brasil, Colombia, Guatemala, Honduras y Paraguay se han pronunciado abiertamente contra la dictadura en Venezuela y han recibido señales como la amenaza de Maduro al Presidente de Colombia de "revelar los detalles de la paz con las FARC", el renacer de focos guerrilleros en el altiplano de Perú que solo son sostenibles desde Bolivia con la dictadura de Evo Morales, o la presión de calle del kirchnerismo contra Macri en Argentina. Es notable el gobierno de Panamá que aparentando neutralidad secunda todas las posiciones del castrismo.

En este escenario, los EEUU han señalado a miembros de la dictadura de Maduro vinculados con el narcotráfico, han ampliado investigaciones y tienen en suspenso el anuncio de su política exterior con Cuba, pero no parecen haber percibido el peligro que todo lo destinado a consolidar la dictadura en Venezuela es un proyecto castrista para confrontar, debilitar y eventualmente atacar a los EEUU.

Se trata de consolidar una segunda dictadura castrista en Venezuela en pleno siglo XXI, un narco estado comprometido en la mayor producción y comercialización mundial de cocaína con las FARC de Colombia y de los cocaleros de Evo Morales de Bolivia con destino a los EEUU, un país que documenta a potenciales terroristas islámicos y que con todo ese impulso criminal desestabiliza la región creando presión migratoria sobre los EEUU. El centro de mayor peligro contra los EEUU es la dictadura castrista de Venezuela.

ATRAER Y ALENTAR CONVERSOS A LA DEFENSA DE LA PATRIA EN VENEZUELA

09 de julio de 2017

El dictador Nicolás Maduro ha llevado la situación de Venezuela al ámbito en el que se disputa la supervivencia misma de la Patria. El eje de confrontación está dado entre la consolidación de una dictadura apátrida del castrismo y la recuperación de la libertad, la soberanía y la democracia de Venezuela. El rechazo a la dictadura crece cada día, pero el gobierno de facto permanece en el poder porque ciudadanos, funcionarios, militares, policías y civiles, que no son parte política de la oposición no parecen encontrar el espacio ni las condiciones para contribuir a terminar con el oprobio, atrapados por las amenazas de un régimen al que identifican como enemigo sin poder participar en terminarlo. Ha llegado el momento de atraer y alentar los conversos a la defensa de la Patria en Venezuela.

En la situación actual la disputa en Venezuela ya no es ideológica ni partidista, es una lucha de múltiples sectores y liderazgos diversos e incluso disímiles por evitar que la Patria sea sometida y se disuelva con los venezolanos en ella. El conflicto general que existe en Venezuela no es la disputa entre izquierdas y derechas, ni entre marxistas y capitalistas, ni entre populistas, progresista o neoliberales, ni siquiera entre los que tienen y los que no tienen. Desde hace más de un año, pero en los últimos tres meses con toda claridad, los hechos demuestran que el régimen no tiene ninguna legitimidad ni respaldo popular y que ejerce el poder como un consorcio criminal.

Con un rechazo al dictador de aproximadamente el 90% de los ciudadanos y con el pueblo permanentemente movilizado en las calles, la respuesta de la dictadura es la violación diaria de los derechos humanos con el uso de técnicas y personal del castrismo cubano y transnacional que ejercen opresión y barbarie. Entre los que sienten e integran el alto rechazo que está muy cerca de ser total, están obviamente los venezolanos miembros de las Fuerzas Armadas, de la Guardia Nacional, de los organismos de seguridad, de la estructura política del régimen incluyendo medios y altos niveles, de la propaganda oficial, funcionarios públicos con competencias, incluso los carceleros de los presos políticos, miembros del chavismo y obviamente los venezolanos que se beneficiaron con la prebenda demagógica pero políticamente efectiva del régimen que ahora agoniza y que en un momento lo apoyaron.

Hay un grupo importante de venezolanos que están "atrapados en el oficialismo", obligados a una posición vergonzosa, forzados a tolerar o defender algo en lo que ya no creen y respecto a lo que incluso ya están en contra. Hay claros —pero sin embargo aún pocos— ejemplos de venezolanos que se han convertido a la defensa de la Patria, de la libertad, de la soberanía y de la independencia de Venezuela, entre los que podemos anotar a los 123 militares presos por la dictadura (ciertamente son más), a la Fiscal General Luisa Ortega y su entorno, a Oscar Pérez el piloto del helicóptero ahora acusado de golpe de estado y… quien sabe cuántos más, al punto que Maduro está pidiendo "absoluta lealtad" a los miembros de la Fuerza Armada Nacional Bolivariana, ante "posibles fisuras" que en realidad son insalvables abismos.

Quienes siendo parte del gobierno y/o del aparato estatal de Venezuela han mutado a la defensa de su Patria, son conversos. No se trata de un cambio ideológico, aunque individualmente son libres de optar por ello, pero evidencia un cambio a la posición histórica correcta. Ser converso no es malo ni ignominioso, se trata de una cualidad, es señal de libertad, de inteligencia, es una decisión fundada en su mejor interés y en la realidad que hoy en Venezuela hace imposible seguir apoyando o formando parte —por acción u omisión— de la dictadura. Converso es sinónimo y acción de "cambio" y cuando se opera para defender los valores fundamentales y la independencia de la Patria, beneficia a toda la sociedad y debería ser auspiciada y garantizada.

Es importante aclarar que la conversión es totalmente diferente a la traición. Traición es el acto "que se comete quebrantando la fidelidad o lealtad que se debe guardar o tener". En Derecho es "el delito cometido por el civil o militar que atenta contra la seguridad de la Patria". Se entiende por "alta traición" la cometida "contra la soberanía, el honor, la seguridad y la independencia del Estado". Un elemento esencial de la traición es el "beneficio propio como motivación o consecuencia" del acto que implica la traición. Por definición y por sus acciones Maduro es el principal traidor a la Patria que, con su entorno represor, narco vinculado, corrupto y entreguista no tendrán impunidad, pero para que esto suceda deben perder el poder y eso se logra facilitando a todos quienes los rechazan que culminen su conversión.

La historia está llena de grandes personalidades que fueron conversos. En el ámbito de la religión, por ejemplo, Judas Iscariote fue un traidor y San Pablo el gran converso que impulso al cristianismo como un movimiento universal. Pablo de Tarso o Saulo de Tarso, hoy San Pablo para los católicos, origen de la Teología Pauliana, de la justificación de la fe para los cristianos, era el judío-romano que perseguía a los discípulos de Jesús, incluso presentado como responsable de la lapidación de Esteban, se convirtió y es considerado el Apóstol de los Gentiles.

Simón Bolívar el Libertador cuya imagen fue utilizada y trató de ser emulada por Hugo Chávez en la formulación de su proyecto al que en determinado momento llamó "movimiento bolivariano", con cuyo nombre rebautizó a Venezuela y muchas de sus actuales instituciones, fue otro converso. Nació realista, criollo español y se convirtió a la lucha por la libertad de los pueblos de América después del 5 de julio de 1811 fecha en que se proclamó la independencia de Venezuela incorporándose como Coronel al ejercito del Libertador Francisco de Miranda; como la mayoría de los oficiales y generales de los ejércitos libertadores, Bolívar fue originalmente un militar de la Corona Española convertido en luchador por la libertad y la independencia.

Winston Churchill el político y estadista británico reconocido como uno de los grandes líderes del triunfo de la democracia sobre el nazi fascismo en la Segunda Guerra Mundial, empezó su carrera política en 1900 siendo conservador y en 1904 "cruzó la sala del Parlamento y se sentó en la banca de los liberales" con los que llegó a ser Primer Lord del Almirantazgo, Ministro de Armamento, Ministro de Guerra y Ministro del Aire. Este extraordinario personaje, dos veces converso, fue electo al Parlamento en la lista conservadora en 1924 y un año más tarde se incorporó nuevamente al Partido Conservador ocupando varios ministerios hasta que fue Primer Ministro en 1940.

Actualmente, es muy conocido y recomendado el libro "Diálogo de Conversos" en el que sus autores Roberto Ampuero y Mauricio Rojas, con prólogo de Mario Vargas Llosa, presentan su historia de jóvenes chilenos militantes comunistas de fines de los 60 y principios de los 70, luego exiliados en la dictadura de Pinochet y que son "conversos" porque por convencimiento propio salieron del dogma comunista hasta convertirse en liberales. Como lo describe el mismo Mauricio Rojas "nuestro recorrido desde la desmesura de la utopía redentora a la sobriedad del pensamiento liberal es parte de un gran fenómeno, no solo latinoamericano sino mundial".

Y qué decir de Eduardo Galiano, converso o no?… quien en la Bienal del Libro y la Lectura de Brasilia, 43 años después de la primera edición de su libro "Las Venas Abiertas de América Latina" afirmó que "**no sería capaz de leer el libro de nuevo**", y agregó que "**esa prosa de izquierda tradicional es pesadísima**", dijo que cuando escribió el libro "no tenía la formación necesaria", y que si bien no está "arrepentido de haberlo escrito", calificó como "una etapa que está superada". "**No tenía conocimientos de economía ni de política cuando lo escribí**" sentenció.

Así las cosas, convertirse y cambiar al lado de la razón, de la justicia, de la defensa de los derechos fundamentales, de la democracia, es lo que casi el 90% del pueblo venezolano ya ha hecho con su repudio al dictador Maduro y su régimen. Por eso, el desafío inmediato para derrotar a la dictadura y recuperar la libertad, la soberanía nacional y la democracia en Venezuela, es facilitar, atraer y alentar a los conversos a actuar sin miedo a favor de la gran causa de la Patria en la que silenciosamente ya militan.

SÓLO LA FUERZA SOSTIENE
A LA DICTADURA DE VENEZUELA

23 de julio de 2017

El contundente repudio del pueblo venezolano a la constituyente corporativista expresado en la consulta del pasado 16 de julio ha dejado
claro que el régimen de Venezuela no tiene legitimidad ni legalidad
para mantenerse en el poder. La movilización popular ininterrumpida de casi 4 meses muestra un pueblo decidido a recuperar la democracia, pese a los más de 100 muertos y miles de heridos que el
Gobierno ha causado para sostenerse en el poder. La popularidad de
Maduro no alcanza al 10% de apoyo mientras el repudio supera 90%.
El reconocimiento internacional de que Maduro está al margen de la
democracia es mayoritario. Una semana antes de la ilegal constituyente Venezuela tiene un régimen "de facto", una dictadura solamente
sostenida por el uso indebido de la fuerza.

Todo gobierno necesita condiciones mínimas de legalidad y de legitimidad. La legalidad está dada por el cumplimiento de las leyes, es
la correspondencia de las acciones del gobierno a lo "prescrito por ley
y conforme a ella". La legalidad está expresada en el Estado de Derecho o sea en el conjunto de disposiciones constitucionales y legales
que regulan el acceso y el ejercicio del poder, incluyendo los elementos esenciales de la democracia contenidos en la Carta Democrática
Interamericana de la OEA que son "el respeto a los derechos humanos y las libertades fundamentales; el acceso al poder y su ejercicio

con sujeción al estado de derecho; la celebración de elecciones periódicas, libres, justas y basadas en el sufragio universal y secreto como expresión de la soberanía del pueblo; el régimen plural de partidos y organizaciones políticas; y la separación e independencia de los poderes públicos".

Legítimo es lo "cierto, genuino, verdadero". La legitimidad en ciencia política "enjuicia la capacidad del poder para ser obedecido sin necesidad de la coacción con la amenaza o el uso de la fuerza", se trata del concepto que denota la aceptación del ejercicio del poder y de la autoridad por un consenso entre los miembros de la comunidad política. En democracia la legitimidad tiene que ver con el ejercicio de la autoridad política por mandato del soberano que es el pueblo. La legitimidad de origen se da en las elecciones con el "sufragio universal secreto", mientras que la legitimidad de ejercicio corresponde al nivel de consenso que las acciones del gobernante merecen de los mandantes.

Si revisamos la historia del Gobierno de Nicolás Maduro, desde el punto de vista de la legalidad, veremos que en su origen se trata de un poder nacido en violación del estado de derecho por —entre otras— la maniobra inconstitucional de habilitación de Maduro para las elecciones forzadas por la muerte de Hugo Chávez. La instalación de Maduro como "presidente" fue simplemente una sucesión en el modelo no democrático del socialismo del siglo XXI, manipulada desde el poder, con flagrante intervención externa desde el régimen cubano, viciado por la violación y ausencia de los elementos esenciales de la democracia. Las elecciones de 14 de abril de 2013, con claras señales de fraude electoral contra el candidato Henrique Capriles y el encubrimiento del fraude con el control de todos los órganos del poder público para beneficiar al heredero señalado Nicolás Maduro, fueron otra señal de ilegalidad que agregó crisis de legitimidad.

La muerte de Hugo Chávez produjo la confrontación política interna del oficialismo de Venezuela, en el mismo régimen se enfrentaron "chavistas" contra "castristas" , los primeros con el señalamiento hecho por el propio Chávez a favor de Nicolás Maduro y el auspicio de "La Habana" y los segundos liderados por Diosdado Cabello; y en esta interna ganó el castrismo con Maduro. El efecto más notable fue sin duda la inmediata consolidación de la dictadura de Cuba en el liderazgo político de América Latina con Venezuela como su principal fuente económica, convertida casi en una colonia.

El modelo económico-político del castrochavismo o socialismo del siglo XXI ejercitado también en Ecuador con Correa, Bolivia con Evo Morales, Argentina con los Kirchner, Nicaragua con los Ortega, pero más avanzado en Venezuela produjo muy pronto la terrible crisis económica que vive el país petrolero más rico de la región. Un sistema autoritario, centralista, estatista, intervencionista, que institucionalizó la corrupción, entreguista y dilapidador llevó a Venezuela a la situación de hambre y miseria que sufre el pueblo al que Chávez, Castro y Maduro engañaron con promesas de liberación. Con todo esto, la ya afectada legalidad de Maduro fue sacudida por la ausencia total de legitimidad, agravadas ambas por la reacción sumisa de Maduro aplicando la metodología castrista de control de crisis que ha producido la Venezuela que hoy solo quiere la salida de Maduro.

Un elemento esencial de las dictaduras es la "permanencia indefinida en el poder" y es éste el que impide a Maduro una solución racional y patriótica en Venezuela. Maduro está obligado por la transnacional castrista liderada desde La Habana a permanecer en el poder, no puede perder el poder, debe "consolidar la revolución" castrochavista con careta de socialismo así sea en contra de la voluntad de todos los venezolanos. Para eso han inventado y convocado la constituyente del 30 de julio de 2017 que no tiene mínima legalidad ni legitimidad. Por eso la dictadura cubana usa todos sus mecanismo y aliados para sostener a Maduro, incluyendo Rusia, China, Corea del Norte, las FARC desde Colombia, el Petrocaribe, su fuerza en la

ONU, su menguante control de la OEA y los gobiernos vasallos de Bolivia, Ecuador, Nicaragua y Salvador.

La dictadura en Venezuela sabe que solo la sostiene la fuerza y que se trata de una fuerza decreciente, menguante y debilitada. Está por verse si los hombres de armas de Venezuela son patriotas o traidores, si contribuyen a la recuperación de la democracia en su país o si lo entregan a un estatuto castrista.

LA CONSTITUYENTE DE MADURO:
UNA DERROTA PARA TODAS LAS DICTADURAS

30 de julio de 2017

La maniobra de convocar una Asamblea Constituyente en Venezuela contra la voluntad del pueblo, sin legalidad ni legitimidad y como medio de perpetuación del gobierno de Nicolás Maduro, se ha convertido en la prueba de dictadura criminal, corrupta, antinacional y narcotraficante. La iniciativa de Maduro es un bumerán que pone en evidencia a los miembros y cómplices de las dictaduras del siglo XXI, haciendo visibles gobiernos e individuos que respaldan y sostienen la barbarie del castrismo en Venezuela y en la región. La Constituyente de Maduro, con la violencia y el fraude en el día de votación, es una estrepitosa derrota para todas las dictaduras.

Venezuela, el país petrolero más rico de las Américas, una de las democracias con mayor estabilidad en los períodos dictatoriales de la Guerra Fría, el que daba asilo y protección a los perseguidos políticos de la dictadura castrista y de las dictaduras militares, el importante fundador y miembro de la Organización de Países Exportadores de Petróleo, el país ejemplo de desarrollo y estabilidad fue llevado —con su propio dinero— a la crisis económica, política y social que vive hoy. La malversación y el uso corrupto de los recursos venezolanos por el castro-chavismo han configurado un país diferente, empobrecido, confrontado, intervenido, oprimido.

Hugo Chávez entregó Venezuela a la dictadura de Cuba haciendo que con los recursos del petróleo venezolano el agonizante régimen castrista se recree y expanda en el siglo XXI bajo la máscara de izquierda, populismo, socialismo, movimiento bolivariano, proyecto ALBA…, hasta que hoy no queda duda de que es castrismo puro y duro: dictadura.

La crisis producida por el castro-chavismo en la región tiene su más extrema expresión en Venezuela, donde la dictadura es resistida por un pueblo movilizado que no está dispuesto a seguir el camino por el que someten a Cuba desde hace 59 años. La lucha del pueblo y el liderazgo democrático llevó a la gran derrota del régimen el 6 de diciembre de 2015 (6D), cuando la oposición ganó el control de la Asamblea Nacional, situación que en lugar de generar un proceso de reconciliación nacional y de retorno a la institucionalidad democrática, motivó la puesta en ejecución de las más despreciables prácticas de la dictadura castrista.

Después de su derrota del 6D y de la posesión de la Asamblea Nacional el 5 de enero de 2016, Maduro profundizó la dictadura para desconocer al Poder Legislativo. Hizo más duras y notorias las condiciones que violaban desde hace años los elementos esenciales de la democracia. Desde Chávez no existía división e independencia de los órganos del poder público, el "Estado de derecho" había sido suplantado por la voluntad del jefe.

En condición terminal, Maduro convocó el 1ro. de mayo de 2017 a una Asamblea Constituyente para liquidar a la Asamblea Nacional, recuperar el control total del poder e institucionalizar el régimen dictatorial con organizaciones funcionales bajo su control. La protesta popular y de calle se volvieron permanentes y cada día el mundo empezó a recibir una prueba más de la dictadura castrista de Venezuela, de su ferocidad en la violación de derechos humanos, de sus crímenes, de su corrupción, de su narco Estado. El mundo está informado y convencido de que solo la fuerza ilegítima e ilegal sostiene a Maduro en el poder.

El secretario general de la OEA, Luis Almagro, que ya había puesto en evidencia la dictadura en 2016 con su primer informe sobre Venezuela, lideró la necesidad de que la OEA cumpla con sus principios y obligaciones de defensa de la democracia. México, Perú, Costa Rica, Argentina, Brasil, Estados Unidos y Canadá impulsaron el esfuerzo que pronto se extendió a Colombia, Chile, Panamá…, sin distinción ideológica de sus gobiernos, que entienden que el tema de Venezuela es la lucha por la democracia y por los derechos humanos. La respuesta fue la acción coordinada de las dictaduras del castrismo del siglo XXI, y Cuba, Bolivia, Ecuador y Nicaragua pasaron a la defensa frontal de la dictadura venezolana apremiando el apoyo de los países de Petrocaribe, que manejados por el interés en el petróleo venezolano manipulado por Cuba, dejaron vergonzosa evidencia de favores y sobornos.

La crisis sobrepasó la región, España se pronunció contra la dictadura de Maduro y la Unión Europea exigió al régimen de Venezuela que cese su intento de la Constituyente. La prensa internacional relata en todo el mundo los crímenes diarios de la dictadura castrista de Venezuela y el sacrificio del pueblo en defensa de su libertad con víctimas, héroes y actos heroicos. La Conferencia Episcopal de Venezuela censuró frontalmente a la dictadura y se opuso a la Constituyente logrando que el Vaticano y el papa Francisco abandonen el apoyo al régimen. La ONU demuestra la penetración e influencia del castrismo, pero no queda indemne. Maduro acude a Putin y su condición de dictador queda más clara. Los congresos del mundo repudian la dictadura. Estados Unidos aumenta sanciones.

Es la crónica de la dictadura puesta en evidencia que marca la derrota de todo el grupo en la región, pues además de Venezuela, quedan señaladas Cuba, Bolivia, Ecuador y Nicaragua. Saben que también están en evidencia y han hecho de Venezuela y de Maduro su trinchera de resistencia

Las imágenes de la votación para la Constituyente de Maduro demuestran la falta absoluta de respaldo popular, la decidida oposición del pueblo, la persistencia de la dictadura en el abuso, la violación de los derechos humanos para simular democracia y suplantar la voluntad popular con fraude electoral, el control del poder solo por la fuerza de las armas. Un Gobierno de facto haciendo fraude que con cifras y datos falsos trata de prorrogar por unos días su permanencia e impunidad, pero que solo hace más dura y pronta su caída.

BOLIVIA

EVO MORALES EN SUS ONCE AÑOS DE IMPOSTURA, CRÍMENES Y CORRUPCIÓN

29 de enero de 2017

Haciendo gala del aniquilamiento de la democracia que ha perpetrado contra el pueblo de Bolivia, Evo Morales festejó el 22 de enero sus 11 años en el poder, convirtiendo el día que tomó el Gobierno en feriado nacional con la pretensión de imponerlo como fecha histórica. El dirigente cocalero y jefe de Estado del expansionismo castrochavista, ha querido presentar como exitosa su gestión que es —en verdad— el mayor de los retrocesos y desgracias de la historia de Bolivia, que supera todo récord de impostura, crímenes, corrupción y narcotráfico.

Impostura es el "fingimiento o engaño con apariencia de verdad". Esta es naturaleza esencial de Evo Morales presentado como indígena siendo un mestizo que no habla ni quecha ni aymara; como campesino cuando en verdad es el dirigente cocalero del primer eslabón del narcotráfico; como demócrata siendo un dictador del socialismo del siglo XXI; que se jacta del mayor crecimiento económico del país cuando es el responsable de su postración y crisis; como víctima cuando es el autor de los mayores crímenes y violaciones a los derechos humanos; auto proclamado nacionalizador cuando ha enajenado e hipotecado los recursos nacionales por varias generaciones.

El acceso al poder de Evo Morales está precedido por más de 15 años de violencia defendiendo la coca-narco con financiamiento del circuito coca-cocaína, el apoyo de dictadores como Gadafi, hasta acciones directas de Castro y Chávez que convirtieron en movimiento político a sindicatos cocaleros similares al modelo de las FARC. Punto importante del *iter criminis* es la conspiración, sedición y derrocamiento del Gobierno constitucional de Sánchez de Lozada que culminó el 17 de octubre de 2003 y que Morales reivindica públicamente, confesando los delitos cometidos como el triunfo sobre el neoliberalismo. Estas acciones criminales están temporalmente impunes por la "amnistía" con que Evo Morales y sus cómplices se protegen y con la que persiguen, han convertido en presos y exiliados políticos a sus víctimas.

Evo Morales no hubiera llegado nunca al poder y ni permanecido en él sin la intervención política, económica y de fuerza de Hugo Chávez y Fidel Castro (a quien llamaba papá). El Gobierno de Morales es un satélite del Alba o bolivariano, ahora SSXXI. Han construido para Morales un estado destinado a "terminar con la Nación Boliviana" y para eso han suplantado la Constitución Política y la República de Bolivia con su estado plurinacional: es el jefe del estado plurinacional no es el presidente de la República de Bolivia; gobierna un engendro nacido del fraude y de la violencia, diseñado para su permanencia indefinida en el poder sirviendo los intereses transnacionales del SSXXI. Antes de ser Gobierno Evo cometió innumerables crímenes como de los esposos Andrade, Villa 14, masacre de Sacaba y de octubre de 2003; pero para llegar a 11 años de Gobierno perpetró 20 masacres sangrientas, tiene miles de perseguidos políticos con la "judicialización de la represión política", presos políticos y más de 1.200 exiliados. Se mantiene en el poder en base al miedo, aplicando el modelo castrista de control social que incluye asesinato de reputaciones, liquidación de la libertad de prensa y reclutamiento de empresarios privados.

Morales ha construido un "narco estado" basado en los sindicatos cocaleros, cuyos dueños además de no pagar impuestos, están integrados en la producción de droga. Los sindicatos de la coca-narco son base principal de la estructura política de Morales, quien para protegerlos expulsó de Bolivia a la DEA, a USAID, al Embajador de los EEUU, disfrazando la expansión del narcotráfico como antiimperialismo. Así logró el control absoluto de la lucha antinarcóticos, convirtiéndola en otra impostura y en apología del delito, con leyes infames y propuestas como la despenalización de la coca. La producción de cocaína así incrementada, sumada a la de las FARC configura hoy el mapa de crimen y política. Con la expansión de su base político-cocalera Evo ha inundado de cocaína Argentina, Brasil, Chile y ha determinado que Bolivia —además de batir récord de consumo interno de droga— sea aislada y estigmatizada.

El "jefazo" ha concentrado todo el poder en un modelo centralista, estatista y personalista. En Bolivia no existe "estado de derecho" ni institucionalidad, no hay "división e independencia de los poderes públicos", no hay "libertad de prensa", los procesos electorales son simulaciones con "fraude". La corrupción es política de estado, solo superada el sistema de impunidad imprescindible para proteger a Evo Morales y su régimen de nuevos ricos (casos Zapata, Fondioc, Lamia, cartel de la mentira y decenas más). Trata de evitar que el "lava jato" se destape en Bolivia. Ha superado el récord de deuda externa e interna públicas que son de cuantía indeterminada por la liquidación del sistema independiente de contraloría. Transparencia Internacional ubica a Bolivia entre los países más corruptos en aumento cada año.

Morales aprovechó mostrando como propios los éxitos de la democracia boliviana (1982-2003) a la que llama neoliberal, pero su fracaso económico es estrepitoso: redujo la producción de gas por falta de inversión, paga más que nunca a transnacionales y pierde mercados. De la negación de crisis económica ha pasado a "proyectos para superar la crisis". La manipulación de cifras y encuestas es la regla. La economía del narcotráfico aún sostiene la impostura. Tiene "crisis de agua". Los créditos, compras y obras chinas son cuentos chinos de corruptela y deudas secretas. Las FFAA son del régimen y están plagadas de corrupción. Los niños son manipulados para recibir prebendas. El tráfico de personas se ha disparado. Evo ha volado más de 11.000 horas con un costo de más de 40 millones de dólares……y tiene más logros, éxitos y récords, pero son de impostura crímenes y corrupción.

EVO MORALES AUMENTA LA COCA Y EL NARCOESTADO "POR LEY" EN BOLIVIA

26 de febrero de 2017

Desde la década de los noventa, Evo Morales es el líder máximo de los sindicatos de coca ilegal de Bolivia que son su aparato de presión, movilización y amedrentamiento con que implementó un partido político, adquiriendo la sigla de una facción de la derechista Falange Socialista Boliviana, (MAS movimiento al socialismo), bajo el sofisma de "instrumento político", cuando en verdad es solo la participación en política de grupos vinculados a la producción y tráfico de cocaína. El líder cocalero tomó el poder con sus sindicatos, auspiciado y sostenido por el proyecto de Castro y Chávez que hoy se denomina socialismo del siglo XXI (SSXXI), que compuesto por Cuba, Venezuela, Bolivia, Ecuador y Nicaragua se ha proclamado antiimperialista y sostiene que "la lucha contra el narcotráfico es un instrumento de opresión del imperialismo" (discurso de Morales en la ONU 2016).

La cocaína es el alcaloide más importante de la coca. "La cantidad de cocaína obtenida en las hojas frescas va desde un 0,1% a un 1%". La cocaína como droga se obtiene a partir del secado de la hoja de coca más reactivos químicos, es prohibida, penalizada y altamente adictiva pues es un "estimulante que afecta directamente al cerebro" y se ha convertido en una de los ilícitos más importantes. Toda la cocaína del mundo se produce en América del Sur en la región de los

Andes, siendo Colombia, Perú y Bolivia los principales productores. La producción de cocaína está en directa relación con la extensión de los cultivos de coca y sus formas más comunes de consumo son "la inhalación, insuflación o inyección en vena" causando "efectos mentales que provocan la perdida de contacto con la realidad, agresividad, agudización del estado de alerta y manía persecutoria". La cocaína es una droga "dura".

La ONU informa que el 94% de la coca de los sindicatos de Evo en el Chapare-Bolivia "no pasa por el mercado legal", o sea que se convierte en cocaína, proceso ya incorporado a la actividad de los cocaleros del partido de gobierno, cuya evidencia se oculta por el gobierno a la opinión pública boliviana e internacional. La DEA está expulsada y satanizada porque Evo Morales quiere controlar por sí y ante sí la producción de coca con los resultados de incremento geométrico de la cocaína que los informes de organismos especializados ya acreditan.

Morales desde Bolivia ha inundado de cocaína a los países vecinos. Argentina es considerada hoy el país de mayor consumo de cocaína en el mundo; los pueblos de Chile, Brasil, Paraguay y Bolivia sufren incrementos dramáticos en el consumo de cocaína. Venezuela y Bolivia son señalados como "narco estados", el tráfico de droga parece centralizado en Venezuela que maneja la producción de las FARC y de los cocaleros de Evo, al extremo de tener hoy a su vicepresidente acusado y a los sobrinos de Maduro presos por narcotráfico en Nueva York. El jefe antinarcóticos de Evo Morales cumple sentencia por delitos vinculados a este crimen en los EEUU. La narcovalija diplomática de Ecuador está lejos de ser esclarecida, la protección de Correa a las FARC se probó con el bombardeo de Angostura. El "pollo Carvajal" es asambleísta de la dictadura en Venezuela. La defensa del narcotráfico ha sido ideologizada por el SSXXI.

Para el SSXXI el tema narco de cocaína es un tema político de vital importancia, un "instrumento contra el imperio" y por eso han encubierto la expansión de narcotráfico en discurso populista, nacionalista y contra los Estados Unidos. En ejecución de esta política, Venezuela, Bolivia y Ecuador —rompiendo acuerdos internacionales— han expulsado a la DEA, a USAID y a los embajadores de los EEUU. Hoy ni en Venezuela ni Bolivia hay embajadores norteamericanos. Ecuador ha sacado físicamente a los EEUU de la Base de Manta destinada al control del tráfico de drogas. Liderados por Cuba todo el SSXXI ha sostenido, protegido y arropado a las FARC, la mayor productora de cocaína del mundo y que durante el proceso de paz en Colombia está acusada de haber incrementado los cultivos de coca de 50.000 a cerca de 200.000 hectáreas.

Si alguna duda quedaba que Bolivia es hoy un narcoestado, Evo Morales la acaba de disipar. No se puede hacer cocaína sin coca y por esta razón coca está en las convenciones de la ONU sobre estupefacientes. Para consumo tradicional y medicinal Bolivia reconoce 12.000 hectáreas de coca legal, aunque según un estudio financiado por la Unión Europea solo necesita 6.000 hectáreas. Existen cultivos ilegales para el narcotráfico (coca narco), que desde el derrocamiento del gobierno constitucional en octubre de 2003 han subido de 3.000 a más de 40.000 hectáreas por sindicatos que tomaron el poder político con su líder Evo Morales, que ahora por ley, aumenta las legales a 22.000 hectáreas en una acción para legalizar la coca narco.

Toda esta trama de politización y defensa del narcotráfico por Evo Morales y todos miembros del SSXXI, tiene conexiones muy graves con el terrorismo de origen islámico. Existen declaraciones e investigaciones en torno a que "Hezbollah está generando cientos de millones de dólares en un esquema de lavado de dinero de cocaína en América Latina que provee una fuente interminable de financiamiento para sus operaciones terroristas". Buques con bandera boliviana han sido interceptados con armas en las zonas terroristas y con droga diferentes puertos. Es cada vez más evidente la relación "coca-cocaína-SSXXI-terrorismo islámico", y para no dejar dudas Evo Morales avanza con una "ley infame para legalizar el primer eslabón de la cocaína".

DICTADURA EN BOLIVIA: CONTROL DE LA JUSTICIA CON PLAGIO Y CORRUPCIÓN

18 de junio de 2017

El control de la justicia para usarla como instrumento de represión política y de control social es el método de los gobiernos de la órbita castrista que simularon ser democracias y que han quedado en evidencia como dictaduras en Venezuela, Bolivia, Ecuador y Nicaragua.

Con procedimientos similares y con el mismo discurso que pone a los pueblos como pretexto, estos regímenes usan el poder judicial para violar derechos humanos y libertades fundamentales, desaparecer el Estado de derecho y extinguir la división e independencia de los poderes públicos. Evo Morales en Bolivia repite este ritual dictatorial marcado por la manipulación, el plagio y la corrupción.

La división e independencia de los órganos del poder público, reconocida en la Carta Democrática Interamericana como un "elemento esencial de la democracia", constituye junto al reconocimiento de los derechos fundamentales la base del "estado de derecho".

Debe evitar que un solo individuo o grupo concentren todo el poder del estado, separando las facultades o funciones ejecutiva, legislativa y judicial para que el gobierno tenga control y equilibrio de las funciones públicas. Son los "checks and balances", los "frenos y contrapesos" al poder, que permiten a una de las ramas limitar y controlar a las otras, todas ente sí, para evitar el poder del "monarca absolutista" y el poder "despótico" que hoy equivale al del "dictador".

El papel del órgano o poder judicial, el de los jueces, es esencial porque en el marco del principio de división e independencia, tienen el papel de proteger al ciudadano del abuso de otros individuos garantizando la igualdad, pero fundamentalmente deben proteger al ciudadano del abuso del estado y de los excesos del gobierno.

En democracia los jueces están para garantizar la "constitucionalidad de las leyes", esto es que las leyes emitidas por el Legislativo o las órdenes del Ejecutivo respeten los derechos fundamentales y principios establecidos en la Constitución. Los jueces están obligados a evitar el abuso y despotismo haciendo que "nadie se ponga por encima de la ley" ni tenga la pretensión de hacer "leyes infames" que en lugar de proteger violan los derechos humanos.

Por eso los dictadores del socialismo del siglo XXI controlan los jueces y todo el sistema de justicia en Cuba, Venezuela, Ecuador, Bolivia y Nicaragua. Con verdaderos jueces ninguna de las suplantaciones constitucionales realizadas en todos y cada uno de esos países para perpetuar a sus jefes de gobierno en el poder hubiera sucedido.

Con jueces independientes no existirían perseguidos, presos ni exiliados políticos por procesos en los que el régimen achaca sus propios crímenes a las víctimas a las que enjuicia y sentencia como los miles de casos en Cuba que incluso terminaron en fusilamientos; centenas en Venezuela con el más notable de Leopoldo López; los de Bolivia en que Evo Morales encubre sus delitos de octubre de 2003, de las masacres del Hotel Las Américas, del Porvenir, Cochabamba y decenas más.

Con división e independencia del poder, Daniel Ortega en Nicaragua no hubiera podido anular a la oposición y realizar la farsa de su reelección; ni Nicolás Maduro hubiera podido tomar el poder y no pretendería ahora la vergüenza de su "constituyente fascista"; en Ecuador no hubieran podido encubrir la corrupción como lo hacen tapando hasta ahora los nombres de los funcionarios del régimen de

Correa que recibieron sobornos de Odebrecht; Evo Morales no se hubiera reelegido sin la prevaricadora sentencia que lo habilitó para operar nuevamente el fraude electoral en 2014. Son miles los hechos notorios que marcan a estas dictaduras y que provienen del uso y manipulación de la justicia que en lugar de respetar la ley sirve a los Castro, Chávez, Maduro, Correa (Moreno), Morales y Ortega para cometer y encubrir sus crímenes y corrupción.

Por eso y como paso previo a simular su re-re-reelección en 2019, en contra de sus propias normas dictatoriales y del resultado del referéndum del 21F, Evo Morales está nuevamente en el proceso de hacerle creer al pueblo boliviano que elegirán jueces, presentándole una lista manipulada donde solo están funcionarios, miembros y potenciales serviles a su régimen. Se trata de un fraude más para continuar y reforzar la concentración del poder, que es posible con una opinión publica amedrentada y una prensa libre ausente, precisamente por la amenaza de la utilización política de la justicia como método de control social.

Estas dictaduras tienen además la pretensión de ser "fundadoras" y "reformadoras". Morales dice que reforma la justicia en la que por ejemplo, ha promulgado el nuevo Código Procesal Civil por ley 439, atribuyendo la autoría "por primera vez solo a profesionales bolivianos" y dándole el valor de "legislación descolonizadora", pero sin mencionar que tan importante instrumento de su auto proclamada política de "dignidad plurinacional" es copia del proyecto presentado por el presidente Sánchez de Lozada (a quien derrocó y acusó de neoliberal) y que fue redactado como "anteproyecto del Código del Proceso Civil" por los abogados bolivianos Mario Cordero Miranda, Enrique Díaz Romero y Kenny Prieto Melgarejo, citado incluso como libro *El Nuevo Proceso Civil*, de Editorial Kipus.

Plagiar es "copiar en lo esencial obras ajenas dándolas como propias", y cuando además se le da sentido fundacional y político por el jefe del estado plurinacional, es simplemente "corrupción". Se trata delitos cometidos por la organización que controla hoy el Gobierno de Bolivia y todo el poder, agravados porque —otro botón de muestra— José César Villarroel Bustios, uno de los presuntos redactores del código procesal civil plagiado por el dictador Morales, es ahora candidato elogiado, destacado y seleccionado por el régimen, y seguro "elegido" como magistrado del Tribunal Supremo de Justicia (TSJ). Así se controla la justicia en Bolivia por el socialismo del siglo XXI, con plagio y corrupción.

BOLIVIA: LA CONSTITUCIÓN DEL ESTADO PLURINACIONAL ES NULA

24 de septiembre de 2017

Ningún recurso puede habilitar a Evo Morales, ni legalizar su sistema, porque toda la estructura constitucional en la que se ampara el régimen es ilegal, ya que la Constitución de su estado plurinacional es nula de pleno derecho y es solo la frágil careta de un gobierno de facto.

En Bolivia se ejecuta otra maniobra para la permanencia indefinida en el poder, pese al mandato del referéndum de 21 de febrero de 2016 en el que el pueblo dijo NO. Es otra operación castrochavista que busca seguir simulando una democracia que no existe, poniendo en escena un recurso constitucional para que sus jueces manipulados falseen la prohibición de reelección establecida en su constitución, que en el tema ya violaron dos veces. Ningún recurso puede habilitar a Evo Morales, ni legalizar su sistema, porque toda la estructura constitucional en la que se ampara el régimen es ilegal, ya que la Constitución de su estado plurinacional es nula de pleno derecho y es solo la frágil careta de un gobierno de facto.

La situación de la que hoy es víctima Bolivia está documentada en la denominada "agenda de Octubre", el acuerdo político de octubre de 2003 para justificar el derrocamiento del presidente constitucional Gonzalo Sánchez de Lozada por la llamada "guerra del gas". Los nuevos detentadores del poder —Evo Morales, Carlos Mesa, Felipe Quispe, otros y los denominados movimientos sociales— establecieron como objetivos de la triunfante conspiración "la convocatoria a asamblea constituyente", "la nacionalización de hidrocarburos", "la persecución al gobierno derrocado", "borrar a los partidos políticos", "antiimperialismo".

La Constitución Política del Estado de la República de Bolivia (CPE) reformada en 1994 —marco legal en el que se firma y se ejecuta la "agenda de Octubre"— NO admite la "reforma total de la Constitución" ni la convocatoria a Asamblea Constituyente, pues instituye un sistema de "reforma parcial" que se inicia con una ley de necesidad de la reforma en un periodo constitucional que se puede aprobar o rechazar en el siguiente periodo constitucional, procedimiento destinado a evitar que los reformadores se beneficien con los cambios, sobre todo en lo relativo a la reelección del Presidente.

La CPE determina en su Artículo 230 que: "Esta Constitución puede ser parcialmente reformada, previa declaración de la necesidad de reforma, la que se determinará con precisión en una ley ordinaria aprobada por dos tercios de los miembros presentes en cada una de las Cámaras"…: y en su Art. 231 que: "En las primeras Sesiones de la Legislatura de un nuevo periodo constitucional se considerará el asunto por la Cámara que proyectó la reforma y, si ésta fuere aprobada por dos tercios de votos, se pasaran a la otra para su revisión, la que también requerirá dos tercios".

Cumpliendo el mandato precedente, en de agosto de 2002 (antes del derrocamiento de Octubre de 2003) se había promulgado la ley de "necesidad de reformas de la Constitución Política del Estado" que proponía cambios en los Arts. 231,232 y 233, en el sistema de "reforma parcial de la Constitución" introduciendo el "Referéndum Constitucional para aprobar o rechazar la reforma", de manera que en lugar de aprobarse la reforma constitucional solo en el Congreso lo haría un referéndum.

Para ejecutar la "agenda de octubre" usaron la ley de necesidad de la reforma de agosto de 2002, pero suplantando su contenido. Promulgaron la ley 2631 de "Reforma de la Constitución Política del Estado" el 20 de febrero de 2004 ignorando la ley de necesidad de la reforma e introduciendo "la asamblea constituyente" para la "reforma total de la Constitución", cometiendo, falsedad, suplantación, violación de la Constitución porque una ley de reforma constitucional solo se puede "aceptar o rechazar", no es modificable y no está permitida ni es posible la "reforma total de la Constitución". Por eso, la ley 2631 de reforma constitucional de 2004 es nula de pleno derecho por mandato del Art. 31 de la Constitución, que enseña: "son nulos los actos de quienes usurpen funciones que no les competen, así como los actos de los que ejerzan jurisdicción o potestad que no emane de la ley".

La comparación de los textos de la ley de necesidad de reforma con la ley de reforma constitucional prueban los crímenes cometidos y la nulidad absoluta: Ley de necesidad de reforma, texto propuesto dice, "Art. 232 *La Reforma Constitucional quedará aprobada con la mayoría simple de votos válidos favorables emitidos en el Referéndum Constitucional y pasará al Ejecutivo para su promulgación sin que el Presidente de la República pueda observarla o vetarla*". La Ley de reforma constitucional, texto aprobado dice, "Art. 232 *La Reforma total de la Constitución Política del Estado es potestad privativa de la Asamblea Constituyente, que será convocada por Ley Especial de convocatoria, la misma que señalará las formas y modalidades de elección de los constituyentes, será sancionada por dos tercios de voto de los miembros presentes del H. Congreso Nacional y no podrá ser vetada por el Presidente de la República*".

De esta manera la trampa estaba lista y Evo Morales como primer acto de su gobierno promulgó la ley 3464, de 6 de marzo de 2006, convocando a la "Asamblea Constituyente" en base a la írrita reforma constitucional de 20 de febrero de 2004. Esta ley de convocatoria contiene disposiciones que también fueron violadas, por ejemplo: El Art. 6 estableció su sede en Sucre la Capital de la República, pero trasladaron su sala de sesiones a un cuartel y —luego de la masacre de "la Calancha" ejecutada en Sucre por Evo Morales— la Asamblea terminó en la ciudad de Oruro; el Art. 24 estableció la duración de la Constituyente en "un periodo de sesiones continuo e ininterrumpido no menor a seis meses ni mayor a un año calendario a partir de su instalación", y pasado el año no había aprobado nada y por lo tanto había cesado en su competencia (si tenía alguna), pero siguieron; el Art. 25 establecía que "la Constituyente aprobará el texto de la Nueva Constitución con dos tercios de votos…" y el nuevo texto terminó siendo redactado clandestinamente y aprobado por el Congreso Nacional, ignorando el de la Constituyente.

Si los delitos hasta aquí demostrados no son suficientes, aprobaron la ley 3941 promulgada por Morales el 21 de octubre de 2008 "interpretativa" del Art 232 (ya suplantado en la nula reforma constitucional de 2004) aumentándole el texto siguiente: *"Concluido el proceso constituyente y recibida la propuesta constitucional, para ser sometida a consideración del pueblo soberano, el H. Congreso Nacional podrá realizar los ajustes necesarios sobre la base de la voluntad popular y del interés nacional, por Ley especial del Congreso, aprobada por dos tercios de votos de sus miembros presentes…*

De esta manera "ajustaron la constitución a su medida" y con persecución política, masacres en la Calancha, Provenir, Las Américas, Cochabamba… con presos y exiliados políticos y con fraude, aprobaron su "constitución en el modelo castrochavista", crearon el "estado plurinacional de Bolivia" suplantando la República de Bolivia, buscando dividir la "nación boliviana" alentando la lucha entre nacionalidades para multiplicar la confrontación entre bolivianos, suprimieron las instituciones democráticas tomando control total e indefinido del poder y procedieron a organizar su nuevo orden dictatorial hoy señalado como narcoestado.

Ahora en Bolivia el castrochavismo manipula su sistema para "habilitar al jefazo Evo Morales", fraguando la decisión de un tribunal infame, preparando fraude electoral para mantenerse en el poder como garantía de impunidad para mistificar la crisis económica, tapar sus crímenes, su corrupción y el narcoestado. Igual que en Venezuela, Cuba, Nicaragua…, pero su constitución es nula, sus actos son delictivos y el pueblo boliviano lo sabe.

EL "GOLPE DE ESTADO" QUE LOS GOLPISTAS LLAMAN "GUERRA DEL GAS"

15 de octubre de 2017

Bolivia cumplía 21 años de su retorno a la democracia en octubre de 2003 con una situación de violencia política extrema en torno a la ciudad de La Paz, que llevaría al triunfo a una conspiración que derrocó al Presidente Constitucional Gonzalo Sánchez de Lozada bajo la figura de "renuncia forzada". En febrero de ese año ya habían intentado asesinar al Presidente en otra acción golpista de trágicas consecuencias, y en agosto el líder de la conspiración Evo Morales había roto el dialogo propiciado por la Iglesia Católica avisando la lucha final. Este proceso de conspiración, violencia y golpe de estado fue proclamado por los golpistas con el sofisma de "la guerra del gas".

En Bolivia las crisis políticas cambiaron con el siglo XXI, se volvieron más violentas, la conflictividad aumentó, tenía más sostenimiento y recursos, movilizaciones más largas y agresivas, retornó el discurso antiimperialista y anticapitalista, se buscaba la confrontación regional, se introdujo la confrontación racial, se multiplicaron las causas de descontento, los principales sectores de movilización violenta eran los cultivadores de coca ilegal-narcotráfico y grupos proclamados indigenistas del altiplano con influencia guerrillera del Perú. Era la cartilla del Foro de Sao Paolo.

Había sucedido un cambio transcendental: el régimen castrista de Cuba —la única dictadura de las Américas que hasta 1999 agonizaba en su "periodo especial" luego de extinguida la URSS— había recibido recursos con la llegada de Chávez al poder en Venezuela y había reactivado su aparato de intervención recreando el fallido plan de los 60 de expandirse en la región. La subversión castrista, antes guerrillera, se había puesto nuevamente en acción y terminaría liderando el movimiento bolivariano o Alba o socialismo del siglo XXI, las "dictaduras del castrochavismo".

El año 2000 produjeron la "guerra del agua" y el "bloqueo del altiplano" contra el gobierno del Presidente Banzer. En octubre de 2001 Evo Morales como dirigente de los cultivadores de coca ilegal hizo la "masacre de Sacaba" durante el gobierno de Jorge Quiroga (que asumió el poder por un año por muerte de Banzer). La masacre de Sacaba fue el ataque criminal de Evo Morales contra soldados desarmados, que cuando los heridos eran auxiliados los cocaleros atacaron las ambulancias y los mataron; por estos crímenes Evo Morales que era diputado fue enjuiciado por Quiroga y separado de la Cámara de diputados a pedido del Jefe de la oposición Sánchez Berzaín, pero pacto con el Ministro de Gobierno Leopoldo Fernández —hoy preso político— impidió que Morales vaya a la cárcel por 30 años.

Los atentados terroristas del 11 de septiembre de 2001 en Estados Unidos modificaron dramáticamente la situación regional y mundial, pues EEUU volcó todo su interés, recursos y medios a las guerras en Irak y Afganistán dejando de lado los compromisos que había asumido y promovido con América Latina en materia defensa de la democracia, lucha contra el narcotráfico y cooperación económica para el desarrollo. En este contexto el golpe de estado de octubre de 2003 no fue el primero contra Sánchez de Lozada ni contra la democracia boliviana y tampoco en la región donde un presidente fue derrocado en Argentina y dos en Ecuador.

En enero de 2003 Evo Morales organizó bloqueos en la zona cocalera para paralizar el gobierno y perjudicar al pueblo, firmó acuerdos cuando fue derrotado y de inmediato volvió a conspirar. El intento de asesinato del Presidente en Febrero de 2003 —investigado por la OEA— permitió debilitar al gobierno mientras la conspiración crecía hasta que empezaron nuevos hechos de violencia y fuerza con el secuestro masivo de más de 1.000 turistas nacionales y extranjeros producido en Sorata y la subsecuente emboscada armada a los turistas y a las fuerzas policiales y militares que los custodiaban de retorno a La Paz.

Civiles, miembros de la Policía y de las Fuerzas Armadas fueron atacados con armas de fuego, francotiradores y dinamita, la ciudad de la Paz fue sitiada, las carreteras interrumpidas; el gobierno constitucional aplicó la ley para cumplir su obligación de proteger al pueblo, los servicios públicos, las instalaciones estratégicas y la propiedad privada, y apareció el nombre de "la guerra del gas" como coartada, acusando a Sánchez de Lozada y su gobierno de querer "vender gas a Chile" y "exportar gas a los Estados Unidos por Chile". Con participación de subversivos peruanos, de las FARC, operadores castristas y subversivos locales los golpistas, aplicaron la doctrina de "guerra revolucionaria" que instruye "promover muertes para acusar de las mismas al gobierno".

Quebrada la democracia establecieron la denominada "agenda de octubre" fijando como objetivos la "asamblea constituyente", "nacionalización de hidrocarburos", "enjuiciamiento al gobierno derrocado", "la liquidación de los partidos políticos tradicionales"… y comenzó un nuevo periodo de facto en Bolivia con: los decretos de amnistía para la impunidad de los delincuentes de octubre de 2003, mientras Evo Morales enjuiciaba a los defensores de la democracia destituyendo los fiscales que rechazaron el juicio por falta de causa; la ley de reforma constitucional 2631 que falsifica la Constitución Política introduciendo la asamblea constituyente; la suplantación del ya ilegal texto de la constituyente con ley 3941; el fraude en el referéndum constitucional;

fraudes electorales; desaparición del estado de derecho; toma de todos los poderes del estado; reelección indefinida de Morales…

Luego de 14 años, el golpe de estado que los conspiradores llaman "la guerra del gas" ha producido: el régimen dictatorial castrochavista de Evo Morales, la desaparición de la República de Bolivia, más 20 masacres sangrientas; más de cien presos políticos, más de 1.200 exiliados políticos, la desaparición de la libertad de prensa, cientos de nuevos ricos, un narcoestado plurinacional, fuerzas armadas que rinden honores al invasor che Guevara… mentiras, infamias y corrupción.

TRANSNACIONAL DE DICTADURAS: CUBA, VENEZUELA, BOLIVIA Y NICARAGUA

10 de diciembre de 2017

La dictadura en Bolivia ya está en evidencia internacional y agregada a la lista de Cuba, Venezuela y Nicaragua. La gravedad y reincidencia de sus crímenes impone la perpetuación indefinida de Evo Morales en el poder, por necesidad de impunidad, pero señala al propio tiempo su final. Reproducen en Bolivia el modelo aplicado en Cuba, Venezuela, Nicaragua y Ecuador. El pueblo boliviano ha empezado a luchar para rescatar la democracia y la República, pero urge identificar el adversario en el castrochavismo como transnacional de dictaduras que ha implantado el narco estado plurinacional fallido en Bolivia.

El castrochavismo se establece a perpetuidad, para siempre, bajo el modelo de los dictadores Castro de Cuba que dejan el gobierno cuando se mueren o cuando pierden las capacidades físicas para ejercerlo. Así lo hizo Fidel y ahora Raúl Castro. El dictador Hugo Chávez pasó por eso y solo la muerte lo separó del ejercicio totalitario del gobierno. Rafael Correa creyó que podía entregar temporalmente el gobierno reteniendo el poder, pero la crisis económica a la que llevó al Ecuador, el rechazo extremo a su persona y el dudoso triunfo electoral de su partido, hacen que su mismo régimen lo desprecie.

Los dictadores liquidan la democracia e imponen un "nuevo orden legal" para su beneficio y para el cumplimiento de su principal propósito que es la concentración total del poder indefinidamente. Todo el poder en sus manos y para siempre es objetivo de los gobernantes de Cuba, Venezuela, Nicaragua, Bolivia, hasta hace poco de Ecuador con Correa y ahora con esperanza de cambio. De esta manera hay "dos Américas" la democrática y la dictatorial.

Suplantan las constituciones y hasta el nombre del país, modifican los símbolos nacionales y agregan otros, crean nuevas denominaciones, violan los derechos humanos como practica institucionalizada, terminan con el estado de derecho, subvierten los principios universales del derecho, mantienen en la forma la división e independencia de los poderes públicos cuando en realidad manejan todo, hacen de las elecciones procesos de fraude y simulación, controlan la prensa, persiguen y encarcelan a los opositores reales y generan una oposición controlada. Intervienen con presencia castrista y corrompen los mandos militares y policiales para convertir las fuerzas armadas de la Nación en las fuerzas uniformadas del régimen.

Alientan el enfrentamiento interno, multiplicando los ejes de confrontación más allá de la lucha de clases a la lucha regional, racial, de género, generaciones, barrios, gremios, creencias, religiones y todo lo que les permita debilitar el tejido social. Cambian los sistemas y contenidos de estudios para adoctrinar y entrenar en lugar de educar a la niñez y juventud e inventan su propia versión de la historia. Usan grupos de adoctrinamiento y formación política del castrismo cubano con fachadas como la alfabetización, educación y servicios médicos.

Imponen el estatismo y la concentración de la economía. Confiscan, intervienen y quiebran empresas a su elección, persiguen empresarios y crean la burguesía de la dictadura. Tienen la corrupción como elemento esencial. Disparan infinitamente la deuda externa y se apoderan de los recursos internos, liquidan la industria nacional, son entreguistas de recursos naturales y llevan a sus pueblos a crisis que los sumen en la miseria mientras los jerarcas del régimen, sus familias y entornos ostentan condición de nuevos ricos. Operan el narcotráfico al que justifican como instrumento de lucha antiimperialista para legitimar el crimen en sus narco estados.

Reemplazan el servicio público por su sistema de delincuencia organizada que hace del Estado instrumento de crimen e impunidad con presentación populista y revolucionaria, dogmas de izquierda, discurso antiimperialista y antinorteamericano. Presentan abiertamente sus antiguas relaciones con grupos terroristas internacionales, dictaduras, estados fallidos y totalitarios, usando su número para protegerse y ocupar espacios en organismos internacionales.

En Bolivia liquidaron la República y crearon en el año 2009 un estado plurinacional del que Evo Morales se autoproclamó primer presidente; impusieron una constitución con retroactividad de la ley como instrumento de persecución política; confrontaron a los bolivianos con el falso discurso de indigenismo para exacerbar el racismo y la discriminación racial; pusieron en marcha la ruptura de la "nación boliviana" pretendiendo reemplazarla por 36 nacionalidades entre las que no está la boliviana; crearon un "narco estado" con el incremento de los cultivos de coca ilegal y ampliación innecesaria de la legal, integrando la producción de cocaína con organizaciones sindicales presididas por Evo Morales y que son el principal soporte político de su dictadura.

El acto que quitó toda duda sobre la dictadura en Bolivia fue el fallo del tribunal constitucional plurinacional declarando "inconstitucional su constitución" con la "aplicación preferente de un tratado internacional sobre la constitución" y declarando como "derecho humano de Evo Morales el poder reelegirse indefinidamente". Acaban de simular la "elección de jueces" que ha sido ganada por el "voto nulo" que muestra el repudio de cerca del 70% de los bolivianos a la dictadura; sin embargo, el régimen ha informado solo sobre los votos válidos y ha dado por electos a sus nuevos títeres en el poder judicial.

Nada de lo que ha pasado y sucede ahora en Bolivia, que azota a Venezuela y Nicaragua desde hace tiempo, son proyectos nacionales creadas por Evo Morales, Maduro, Ortega y sus regímenes, es el modelo cubano de 60 años, reiniciado en 1999 con dinero y petróleo venezolanos y sostenido con recursos provenientes del crimen que va desde la corrupción hasta el narco. Es la realidad objetiva y el error que la estrategia no perdona es equivocarse en la identificación del adversario.

CORRUPCIÓN Y CRIMEN ORGANIZADO

LAVA JATO, FORO DE SAO PAULO Y CORRUPCIÓN TRANSNACIONAL

08 de enero de 2017

Lo que empezó siendo una investigación local sobre lavado de activos en Brasil con el nombre de "Lava jato", es hoy el escándalo más grande de corrupción de la región con dimensiones mundiales, que revela una extensa red de crimen transnacional organizado y operado sobre la base del "Foro de Sao Paulo". Se trata de corrupción organizada con fines políticos para enriquecer ilícitamente a los que se presentaron como defensores de los pobres y anti neoliberales, dándoles dinero ilimitado para la manipulación electoral y mediática, la violación de los derechos humanos y el destrozo de la democracia. Los miles de millones de dólares de coimas, mordidas, comisiones, sobre precios y/o sobornos digitados desde el poder político del Brasil por medio de constructoras de ese país en toda América Latina son testimonio de la corrupción y abuso de poder que no pueden quedar impunes.

El Foro de Sao Paulo es una agrupación de partidos y organizaciones políticas latinoamericanas de izquierda fundado en 1990 por el Partido de los Trabajadores (PT) de Brasil, Ignacio Lula da Silva, con estrategia de la dictadura cubana en 1990. Según sus fundadores "el Foro fue constituido para reunir esfuerzos de los partidos y movimientos de izquierda después de la caída del muro de Berlín y las consecuencias del neoliberalismo en los países de Latinoamérica y el Caribe". A tiempo de su fundación el único miembro que ejercía poder era la dictadura castrista en Cuba. Lula da Silva llegó al poder el 1 de enero de 2003 y gobernó por dos períodos hasta el 1 de enero de 2011 que entregó el mando a Dilma Rousseff.

La pesquisa del "lava jato" comenzó en 2013 con la Policía Federal de Curitiba que investigando lavado de activos llegó a Petrobras la empresa más grande de Brasil. El sistema consistía en que "Petrobras licitaba obras a grandes empresas constructoras de Brasil como parte de un programa impulsado por el presidente Lula y su entonces ministra de Energía Dilma Rousseff. Para favorecer la contratación de ciertas empresas, la petrolera brasileña pedía sobornos que rondaban el 3% del presupuesto, que repartían entre políticos y empresarios. El dinero era reintroducido al sistema a través de negocios de hoteles, lavanderías y estaciones de gasolina para ser blanqueado. Luego era transferido al extranjero a través de empresas fachada, a cuentas en China o Hong Kong". La fiscalía de Brasil estima que "entre 2004 y 2012 cerca de 8.000 millones de dólares fueron licuados por esta red criminal".

De acuerdo a la Revista Forbes al 6 de enero de 2017, de las 20 "constructoras más fuertes en América Latina" 15 son brasileras: Norberto Odebrecht la 1, Grupo OAS la 2, CCR Rodovias la 4, CTrela Realty la 5, PDG Realty la 6, Andrade Gutierrez la 8, Invepar la 9, OAS la 10, Camargo Correa la 12, Queiroz Galvao la 13, Grupo Galvao la 14, UTC Engenharia la 15, MRV la 16, Galvao Engenharia la 17, y CR Almeida la 20. Según las autoridades judiciales de Brasil "miembros del gobierno brasilero extendieron esta red de pagos bajo la mesa para que las principales constructoras de ese país logren importantes concesiones en toda América Latina". Esto significa que Odebrecht es la principal, pero no la única. Entonces se debe establecer que empresas brasileras además de Odebrecht han realizado obras y tienen contratos en Cuba, Venezuela, Ecuador, Bolivia, Nicaragua, Argentina del periodo Kirchner y otros países con gobiernos vinculados al Foro de Sao Paulo y al posterior socialismo del siglo XXI. La característica con los gobiernos de Castro en Cuba, Chávez y Maduro en Venezuela, Correa en Ecuador, Evo Morales en Bolivia y Ortega en Nicaragua habría sido la contratación de excepción, o contratos directos, o adjudicaciones vinculadas a financiamientos concedidos por el gobierno del Brasil de Lula y/o Rousseff.

Ejecutivos de Odebrecht reconocieron ante autoridades de los Estados Unidos que "la firma había cometido actos de corrupción incluyendo el pago de cerca de 788 millones de dólares en sobornos". La información es aún incompleta, pero según la prensa, autoridades estadounidenses han adelantado que los "pagos ilícitos incluyen 349 millones de dólares en Brasil, 98 millones en Venezuela y 10 millones en México". Se espera mayor detalle de los sobornos para los próximos días, pero el tema no es solo Odebrecht, se trata de las otras empresas brasileras que han operado bajo el mismo sistema en obras de montos menores. Un tema por esclarecer es en Bolivia, el caso de la carretera por los territorios indígenas del Tipnis, para la que el propio Lula da Silva personalmente se trasladó a la zona en apoyo a Evo Morales.

El gobierno de Ecuador en acción defensiva señaló "que no aceptara sin pruebas las versiones de funcionarios de Odebrecht sobre supuestos sobornos por 33,5 millones de dólares", aunque no ha indicado que tipo de pruebas espera además de la confesión de los empresarios y la red de corrupción ya descubierta y probada. La dictadura cubana trata de tapar el tema con el silencio. Sobre Venezuela se ha publicado que Odebrecht entregó 35 millones de dólares a la última campaña de Chávez en 2012 y la actitud es de silenciar el asunto.

El lava jato, el *car wash* o el lavador de autos, pese a las cifras millonarias ya confesadas ha mostrado solo la punta del *iceberg* de corruptela. Es necesario conocer la lista de obras de todas las constructoras brasileras en los países cuyos gobiernos forman parte del Foro de Sao

Paulo en los últimos desde 2002 por lo menos, porque la corrupción nació de ahí como lo prueban los hechos. Interesa a la izquierda honesta que así sea para no ser cómplice de la impunidad dictatorial. La corrupción no es un tema de ideología, pero en este caso si es un elemento esencial de las dictaduras del socialismo del siglo XXI que con recursos de la corrupción como la del lava jato y de otras fuentes oprimen a los pueblos de Cuba, Venezuela, Ecuador, Bolivia y Nicaragua.

DICTADORES Y CÓMPLICES DESESPERADOS POR ENCUBRIR SU CORRUPCIÓN

15 de enero de 2017

La gente demanda saber la verdad y en consecuencia conocer a los delincuentes con sus nombres, posiciones de poder político y montos de beneficios criminales.

Autoridades fiscales y judiciales de Brasil han investigado y demostrado que desde al año 2001 y por casi 15 años, gobiernos de Lula da Silva y de Dilma Rousseff, se instaló y operó por el poder político un sistema criminal de corrupción transnacional con obras y empresas constructoras brasileras que se conoce como "lava jato". Los detalles de las obras, comisiones, sobornos, coimas y detalles de la organización criminal están descubiertos en su pate fundamental, pero su publicidad está frenada porque los corruptos que siguen en ejercicio del poder político en los gobiernos de Cuba, Venezuela, Ecuador, Bolivia, Nicaragua, Colombia y otros, actúan desesperadamente para encubrir su corrupción.

El origen político de esta red de crimen organizado resultó ser el "Foro de Sao Paulo" y su ámbito expansión abarcó a todos los países donde sus miembros tenían o formaban parte del poder, en especial al grupo de regímenes castristas que se conocen como socialismo del siglo XXI (SSXXI). Basta revisar detalle de obras realizadas país por país, por los gobiernos vinculados al Foro de Sao Paulo y establecer la presencia de empresas constructoras brasileras, para determinar el multimillonario alcance de la corruptela que hizo nuevos ricos a los socialistas e izquierdistas anti neoliberales, proporcionó el "capital" para que el proyecto político anti democrático y autoritario se expanda y se sostenga con ingentes cantidades de dinero para el fraude electoral, el asesinato de la reputación de los adversarios, la compra o neutralización de medios de comunicación, la prebenda populista y tantos otros crímenes cometidos contra la libertad y los derechos humanos.

La gente demanda saber la verdad y en consecuencia conocer a los delincuentes con sus nombres, posiciones de poder político y montos de beneficios criminales. El Departamento de Justicia de los Estados Unidos emitió un informe que establece que "durante o entre 2001 y 2016, Odebrecht, junto a sus cómplices, consciente y deliberadamente conspiró y acordó con otros proveer corruptamente cientos de millones de dólares en pagos y otros objetos de valor a y para el beneficio de funcionarios oficiales extranjeros, partidos políticos extranjeros, miembros de partidos políticos extranjeros y candidatos políticos extranjeros para asegurar una indebida ventaja e influencia a esos funcionarios extranjeros, partidos políticos extranjeros y candidatos políticos extranjeros a fin de obtener y retener negocios en varios países".

El informe norteamericano señala coimas en Brasil con $349 millones de dólares, Venezuela $98 millones, Ecuador más de $33,5 millones, Argentina $35 millones, Panamá $59 millones, Dominicana $92 millones, Perú $29 millones, Guatemala $18 millones, México $10,5 millones, Colombia $11 millones. El informe solo menciona dos empresas, Odebrecht y Braskem y solo de 9 países de América Latina y por lo tanto es solo parcial, no es completo, porque el consorcio criminal alentó y logró obras por montos millonarios en otros países como Bolivia y con otras empresas como OAS, Andrade Gutierrez, Quieroz Galvao, Camargo Correa… Si bien es cierto que Estados Unidos y Suiza impondrán multas a Odebrecht y Braskem porque utilizaron el sistema financiero y bancario de Estados Unidos para pagar sobornos, no es menos importante la responsabilidad penal y política de los que recibieron los sobornos y conocer las otras empresas con sospecha de sobornos en otros países.

Es necesario conocer "las otras entidades asociadas", es urgente que la opinión pública sepa quiénes son los "funcionarios oficiales extranjeros, partidos políticos extranjeros, miembros de partidos políticos extranjeros y candidatos políticos extranjeros" que recibieron sobornos. Se trata de políticos, gobernantes y ex gobernantes brasileros, venezolanos, ecuatorianos, dominicanos, mexicanos, peruanos, argentinos, colombianos, panameños, guatemaltecos…y más allá de Odebrecht y de los países ya citados, hay que saber quiénes son los cubanos, bolivianos, nicaragüenses y de otros países donde operó el sistema montado en torno al Foro de Sao Paulo.

En este escenario el gobierno que más desesperación ha demostrado por evitar el esclarecimiento es Ecuador, con Rafael Correa liderando declaraciones y posicionamientos públicos en los que, tratando de adelantarse a la verdad o "buscando curarse en salud", ha establecido como regla oficial que no aceptarán "acusaciones sin pruebas ni beneficio de inventario".……lo que simplemente supone "confesión y encubrimiento" porque ante la cita de Ecuador con más de $33.5 millones de sobornos en un informe del Departamento de Justicia, la actitud de gobierno debió ser la de esclarecer no la de encubrir ni justificar (¿beneficio de inventario?). La Congresista de Estados Unidos Ileana Ros-Lehtinen solicitó a la Fiscalía de ese país desclasificar los nombres de los funcionarios ecuatorianos relacionados con el caso Odebrecht que habrían recibido sobornos por $33,5 millones y Rafael Correa respondió atacando a la congresista, demostrando que no quiere que se conozcan los nombres de ecuatorianos que tienen, tanto la justicia brasilera como la de Estados Unidos.

En Colombia el expresidente Alvaro Uribe ha pedido a la Fiscalía de su país que "investigue si la campaña que llevó a Juan Manuel Santos a la Casa de Nariño en 2014 fue financiada por Odebrecht". El exviceministro de Transporte Gabriel García (del gobierno de Uribe) está ya preso por haber recibido $6.5 millones para la autopista Ruta del Sol. En toda la región se libra una nueva etapa de la lucha entre las dos Américas, la democrática y la dictatorial; entre el derecho de los pueblos a conocer la verdad versus los izquierdistas del Foro de Sao Paulo, los dictadores del SSXXI y sus cómplices, que buscan desesperadamente encubrir su corrupción y mantenerse en la impunidad.

DESTAPAR LA CORRUPCIÓN DE LAS DICTADURAS DE LAS AMÉRICAS

21 de mayo de 2017

La investigación de corrupción en Brasil pone en evidencia un sistema de corrupción regional montado por decisión política con el objetivo de tomar y retener el poder. La acción de la justicia y de la prensa brasileras, le dan al mundo la prueba que los miembros del Foro de Sao Paolo pusieron en marcha un aparato de obtención de dinero ilícito con fines políticos de izquierda y obvios beneficios ilegales para sus dirigentes. Este consorcio internacional de corrupción abarca toda la región y los regímenes de Cuba, Venezuela, Ecuador, Bolivia y Nicaragua, son socios principales que encubren sus delitos con su poder total. Las pruebas están en Brasil y con ellas se debe destapar esta línea de corrupción de las dictaduras de las Américas.

La democracia es el único sistema que puede garantizar transparencia y efectiva lucha contra la corrupción, porque tienen entre sus elementos esenciales el respeto a las libertades fundamentales, la división e independencia de los órganos del poder público y la vigencia del estado de derecho. Sólo con estas condiciones puede existir efectivo ejercicio de la prensa libre, de libertad de expresión, de investigación abierta a las autoridades, obligación de los gobernantes de rendir cuentas, transparencia, fiscales y jueces independientes del poder político eventual, reglas claras, alternancia en el poder y vigencia de la ley por encima del poder del Gobierno.

No es que en democracia no exista corrupción, se trata de que sólo en democracia se puede prevenir, detectar, investigar, publicitar, juzgar y sancionar la corrupción. En democracia se sabe que el destino de los corruptos es la condena, pero además la perdida y/o devolución de los frutos de la corrupción. El mensaje de la democracia es que el crimen desde el poder político no paga y debe ser ejemplarmente sancionado, porque se trata de delitos en abuso del soberano que sólo reside en el pueblo y que exige cuentas por medio de los mecanismos institucionalizados: una estructura con frenos, balances y contrapesos al ejercicio del poder.

Cuando se violenta y termina con la democracia el objetivo es la concentración total del poder, como lo hicieron sistemáticamente en Venezuela, Ecuador, Bolivia y Nicaragua, y como lo intentaron en Argentina con los Kirchner y en Brasil con Lula y Rousseff. Los regímenes del socialismo del siglo XXI creados y dirigidos por la dictadura castrista de Cuba cambiaron constituciones, sistemas de justicia, mecanismos de control fiscal, contralores, sistemas financieros y electorales, modificaron a su antojo el control de medios de comunicación hasta apoderarse de ellos y/o controlarlos, en suma hicieron todo para que el poder empiece y termine en el caudillo llamado Castro en Cuba, Chávez y ahora Maduro en Venezuela, Morales en Bolivia, Correa y ahora Moreno en Ecuador y Ortegas en Nicaragua.

Cuando concentraron todo el poder también redujeron al tamaño y modelo de su antojo a la oposición, a la opinión y a la prensa, porque quienes pasan los límites fijados por el régimen son sometidos a la "judicialización de la represión política" con acusaciones, persecuciones y condenas judiciales infames a las que el resto del mundo reconocerá como legítimas, forzando a las víctimas a la cárcel, al exilio y/o al "asesinato de su reputación".

Estas son las razones por las que gobiernos que manipulan las elecciones y que llegaron al poder por votos son dictaduras que han ampliado el poder del castrismo casi a toda la región. Brasil fue fundamental en la capitalización de los dictadores, por su importancia económica y política. Al llegar Lula a la presidencia el 2003 empezó la rápida construcción de un sistema de corrupción usando la riqueza y las capacidades empresariales brasileras que son del primer mundo. El "lava jato" es el resultado y miles de millones de dólares en obras y en coimas o sobornos; son los beneficios para que criminales de izquierda castrista hayan hecho de la política una gran mafia, que además por separado se ha implicado en otro tipo de corruptela de negocios con China, de negociados con petróleo y recursos naturales y en narcotráfico, como otras líneas de ingresos de las dictaduras.

La ilimitada cantidad de miles de millones de dólares de la que los dictadores del socialismo del siglo XXI se han apoderado y disponen, generando nuevos ricos en la política y nuevas o reactivadas burguesías de su amaño en Cuba, Venezuela, Ecuador, Bolivia, Nicaragua, igual que en el Brasil de Lula y la Argentina de los Kirchner, los hace prácticamente intocables, porque como era su propósito, tienen tanto dinero que pueden controlar la política de sus países con bloques partidarios para garantizar impunidad como lo intentan ahora en Argentina por ejemplo.

Estos nuevos multimillonarios de la corrupción y principales actores de la política, usan también el dinero del crimen para influir en las democracias del mundo, por ejemplo contratando poderosos lobbies, grandes oficinas de abogados y de relaciones públicas en Estados Unidos para neutralizar ataques, mejorar su imagen o perseguir políticos que consideran enemigos; influyen en la creación de nuevos movimientos políticos como sucede en España con Podemos; someten gobiernos o líderes democráticos a sostenidos ataques de aparentes neutrales bien incentivados por el dinero de la corrupción, y más.

El poder económico de los capos de Cuba, Venezuela, Bolivia, Ecuador y Nicaragua busca hacer imposible que pierdan el poder y si lo pierden debe garantizar su impunidad. Han logrado cumplir la promesa que hicieron de que "nunca más debe faltar dinero" al declarar a los noventas como "la década perdida" por falta de recursos para conspirar. Por esto y por mucho más, hay que destapar la corrupción de las dictaduras de las Américas y el Brasil es hoy un buen punto de partida.

CORRUPCIÓN, NARCOTRÁFICO Y VIOLENCIA SOSTIENEN DICTADURA DE MADURO

11 de junio de 2017

La permanencia en el poder del dictador Nicolás Maduro es un imperativo estratégico para la continuidad de los gobiernos de Cuba, Bolivia, Ecuador y Nicaragua, vital para sostener y ampliar la penetración en la región del renovado bloque contra los Estados Unidos y la mejor garantía de impunidad para el crimen. Venezuela es la presa más importante atrapada por la necesidad de sobrevivencia del castrismo parásito que está dispuesto a todo para no perderla. La derrota de la dictadura frente al pueblo venezolano es tan notoria, que ha llegado el punto en que por interés propio solo el crimen, la corrupción, el narcotráfico y la violencia sostienen a Maduro.

Un gobierno tiene diferentes características o cualidades que sirven para distinguirlo y las de Nicolás Maduro son sin duda de una "dictadura criminal". Dictadura porque ejerce el poder en contra de toda ley nacional, internacional y natural, violando los derechos humanos y las libertades fundamentales, sin estado de derecho, sin división ni independencia de los poderes públicos; tiene presos políticos, exiliados políticos, no hay libertad de prensa y ahora pretende suplantar la soberanía popular con una "constituyente fascista" en la que el pueblo no vota. Criminal porque en el objeto y ejercicio del poder comete, induce y encubre los más graves delitos, con premeditación y como parte de sus acciones de gobierno que no sobrevive sin la comisión de actos criminales.

Los crímenes de Nicolás Maduro y su gobierno van desde los de lesa humanidad implantados y ejecutados por la metodología castrista que oprime a Cuba desde 1959, y prácticamente cubren todas las tipificaciones penales conocidas como asesinatos, torturas, privaciones indebidas de libertad, creación y operación de consorcios delictivos, traición a la Patria, sometimiento a potencia extranjera, desfalco y vaciamiento de la riqueza y el erario nacionales, corrupción en contratos y servicios públicos como el hasta ahora encubierto caso de Odebrecht, confiscaciones, robos, defraudaciones. Pero hay crímenes con los que se sostiene el régimen mediante acciones continuadas y estos son principalmente los de corrupción, narcotráfico y violencia criminal organizada.

La corruptela del régimen castrochavista de Maduro abarca desde los sobornos activos y pasivos en y por entidades del Estado que han permitido amasar grandes fortunas hoy señaladas internacionalmente, la demolición de la principal empresa nacional Petróleos de Venezuela PDVSA y el uso de sus recursos para sobornos tan grandes y notorios como las del denominado "Petrocaribe", hasta la existencia de carteles del narcotráfico que han otorgado desde hace varios años la denominación de "narco estado" a Venezuela que ha quedado convertida en el eje de tráfico de cocaína con la provisión políticamente garantizada desde las FARC de Colombia y los sindicatos cocaleros de Evo Morales desde el estado plurinacional de Bolivia también señalado como "narco estado".

Resulta impensable para las organizaciones criminales vinculadas al narcotráfico perder el control de Venezuela a la que han convertido en territorio del crimen y desde donde expanden operaciones de lavado de dinero en y con los otros regímenes del sistema. Es imposible que Maduro pierda el poder sin afectar dramáticamente a las organizaciones terroristas y de tráfico de armas que han hecho del narcotráfico uno de sus principales medios de soporte y logística. No existe forma que el sistema transnacional de delitos vinculados y consecuencia del narcotráfico pueda sostenerse sin daños irreparables si el gobierno de Maduro cae.

Está demostrado que el régimen de Nicolás Maduro es controlado y defendido por el gobierno cubano con acciones de intervención operativas de las que participan todos los regímenes miembros del socialismo del siglo XXI que incluye a las FARC ahora enfocada en la toma del poder político en Colombia. Edmundo Primitivo Sánchez Zurita, un militar boliviano acreditado por Evo Morales en su embajada en Venezuela ha sido descubierto y denunciado con documentos que han inundado las redes sociales, acusado de participar activamente en la represión contra el pueblo venezolano, la documentación que ha sido aceptada como oficial y las explicaciones solo han servido para confirmar la vergonzosa intervención de que son víctimas las Fuerzas Armadas e instituciones venezolanas para reprimir a su pueblo.

La lucha que hoy se libra en Venezuela además de la confrontación entre la libertad y la democracia contra la dictadura, está muy lejos de ser una disputa ideológica entre capitalismo y socialismo o política entre derechas o izquierdas. Se trata de una dura batalla contra el crimen organizado dueño de la corrupción del narcotráfico y de la violencia, del que forman parte muchos de los "jefazos" que se presentan como políticos cuando en verdad son simplemente parte de una mafia que ha logrado el control de países que ahora son su base para todo tipo de actividades criminales de alto lucro, incluido el terrorismo.

Cada comunidad, cada familia, cada persona sin excepción están amenazadas y/o afectadas por la corrupción, por el tráfico y consumo de cocaína y drogas, por la violencia y los delitos vinculados al narcotráfico. La situación del pueblo venezolano afecta a todos y su triunfo beneficiará a todos. Debemos entender que la lucha del pueblo venezolano para salir de la dictadura de Nicolás Maduro es la lucha por los pueblos de las américas y del mundo, donde los más pobres son los que más incremento de consumo de drogas y de violencia sufren, tal vez sin saber o sin querer reconocer que ese mal proviene del "castro chavismo" estructurado como mafia y hoy parapetado en Venezuela, defendido por quienes prometieron liberar a los pueblos y en cambio los someten, los oprimen y envilecen.

"CORRUPCIÓN DEL FORO DE SAO PAULO" Y SUS CORRUPTOS EN LISTA DE ESPERA

16 de julio de 2017

Fiscales y jueces de Brasil han develado la mayor trama de corrupción política transnacional de las Américas, organizada y operada por los líderes de la izquierda desde el Foro de Sao Paulo. Se trata de corrupción política del más alto nivel que utilizó cerca de 15 empresas constructoras de Brasil para su ejecución y que a partir del caso "lava jato" y las confesiones de Odebrecht, dejó claro que el principal objetivo y consigna de los llamados socialistas del Foro de Sao Paulo fue que "nunca más falte dinero para la acción política". Llevaron la corrupción a casi todos los gobernantes de la región, hoy acusados, presos, o encubiertos en la impunidad del poder que aún detentan, pero que ya están señalados e integran la lista de espera de corruptos del Foro de Sao Paulo.

El Foro de Sao Paulo fue fundado en 1990 por el Partido de los Trabajadores (PT), integrado con los partidos y grupos de izquierda de Latinoamérica en la ciudad de Sao Paulo Brasil para "reunir esfuerzos de los partidos y movimientos de izquierda, para debatir el escenario internacional después de la caída del muro de Berlín y las consecuencias del neoliberalismo en los países de Latinoamérica y el Caribe". Se trató de una iniciativa de Fidel Castro y su régimen por la crisis creada por la terminación de su fuente de subsistencia al extinguirse la Unión Soviética. En su fundación en 1990 el único miembro del Foro de Sao Paulo que tenía poder era una dictadura, el Partido Comunista de Cuba, y veinte años después el año 2010 la mayoría de sus miembros ejercían el Gobierno y la dictadura cubana había tomado el liderazgo político de la región.

El Foro de Sao Paulo es resultado directo del fin de la Guerra Fría con la desaparición de la Unión Soviética y por eso formuló como premisa de acción política el plan castrista de "multiplicar los ejes de confrontación" ante la insuficiencia y desaparición de la confrontación del comunismo contra el capitalismo o de la simple lucha del proletariado. Decidieron copar y operar temas de grupos sociales, sectoriales, funcionales y territoriales como el feminismo, el ecologismo, el regionalismo, el indigenismo, la defensa de género y todos los temas posibles para enfrentar a la democracia que señalaron como neoliberalismo. Multiplicaron los ejes de confrontación para remodelar y disfrazar la derrota del comunismo marxista soviético que arrastraba al castrismo.

La década de los 90 es considerada la "década perdida para los izquierdistas del Foro de Sao Paulo" porque no pudieron desestabilizar ni afectar seriamente el creciente fortalecimiento de la democracia latinoamericana y atribuyeron su fracaso a la falta de recursos económicos, de dinero, en un momento en que el principal promotor del Foro —la Cuba castrista— estaba en lo peor de la miseria con el denominado "periodo especial". Las democracias fortalecidas de la región fueron indolentes respecto a la situación del pueblo cubano porque nada hicieron para la recuperación de la democracia en Cuba en el momento de mayor oportunidad. Si los 90 fue la década perdida para los izquierdistas por falta de dinero, en verdad fue la década perdida para la democracia de Latinoamérica que no se consolidó y permitió la supervivencia de la dictadura en Cuba y su recreación con la llegada del dinero y el petróleo venezolanos de la mano de Hugo Chávez.

La alianza entre Chávez y Castro salvó a la dictadura castrista y le permitió estabilizarse al punto de reactivar su permanente objetivo de expandirse por las Américas convirtiendo el derrotado foquismo guerrillero de los sesenta y setenta en foquismo electoralizado no desprovisto de violencia. Chávez fue la piedra angular con los recursos petroleros venezolanos y ejerció liderazgo regional con un Castro sutilmente subordinado y convertido en el "oráculo de la Habana", derrocando gobiernos en Ecuador y Bolivia y desestabilizando varios. En principio los recursos para la política fluían solo de Venezuela y Chávez lo hacía abiertamente, hasta que Lula da Silva llegó al poder y a partir de 2003 puso en marcha el mayor sistema de corrupción política transnacional institucionalizado para y con sus amigos del Foro de Sao Paulo.

La idea fundamental para internacionalizar la corrupción, confesada por no pocos políticos del esquema, era la de "independizar la acción política y los partidos políticos miembros del Foro de Sao Paulo de los empresarios" y contribuyentes a veces reticentes, roñosos o caprichosos en sus aportes. Se trataba de formar capital propio para cumplir la consigna de que "nunca más falte dinero para la acción política" y para eso Lula da Silva como Presidente usó el sistema para otorgar "créditos de Brasil" a "gobiernos amigos" (sus socios del Foro de Sao Paulo) para "obras de infraestructura" ejecutadas por "empresas brasileras" con un sistema de desembolso a las empresas, pero con un mecanismo —ahora develado— de coimas y comisiones para políticos y la política de los integrantes del Foro de Sao Paulo, que no tardó en expandirse a los servidores y simpatizantes a cambio de sus votos en organismos internacionales y su silencio cómplice en el desmantelamiento de la democracia en la región.

El movimiento bolivariano, proyecto Alba o socialismo del siglo XXI es la creatura del Foro de Sao Paulo para dar a Hugo Chávez la impresión que el militar venezolano lideraba el movimiento de las izquierdas latinoamericanas porque era el que ponía el dinero, cuando en verdad la estrategia y los objetivos estuvieron siempre —y están— en control del castrismo cubano. La muerte de Chávez superó esa dificultad y el poder se concentró abiertamente en Cuba con su instrumento político el Foro de Sao Paulo. La riqueza venezolana entregada por Chávez se reforzó con la corrupción de los contratos de construcción por miles de millones de dólares del Brasil de Lula y Rousseff, además del narcotráfico con las FARC de Colombia, los cocaleros de Evo Morales desde Bolivia y los carteles que han hecho de la dictadura venezolana el eje del narcotráfico. Seguro que con toda esta estructura no les puede faltar dinero por muchas generaciones.

Pero el esquema de corruptela del Foro de Sao Paulo —que no es la única fuente de corrupción— está al descubierto y los pueblos deben recuperar sus recursos. Hay enjuiciados y encarcelados notables en los países con democracia, que se caracterizan entre otras cosas por la vigencia del "estado de derecho", la división e independencia de los órganos del poder público que permite "independencia judicial" y sobre todo "prensa libre". En Brasil se ha destituido de la Presidencia a Dilma Rousseff, se ha condenado a nueve años y medio de prisión al ex presidente Lula da Silva, hay gran número de políticos y empresarios presos, enjuiciados y se avanza con los procesos. En Perú se han expedido **órdenes** de detención contra el ex presidente Alejandro Toledo y declarado prófugo, están presos el ex presiente Ollanta Humala y su primera dama, avanzan las investigaciones.

Hay un grupo de países con resultados relativos como Argentina donde avanzan las investigaciones respecto a los gobiernos Kirchner y la justicia no debería tardar en develar los alcances de la trama multimillonaria; en Colombia las sindicaciones van sobre la campaña electoral con actual presidente Juan Manuel Santos; en Dominicana hay algunos presos y muchos con libertad provisional con sospechas de encubrimiento o atenuación; los gobiernos de otros países con democracia que pueden verse incluidos en los escándalos como Panamá van lentamente.

El tema de fondo es el de los políticos y gobernantes en la lista de espera de la corrupción del Foro de Sao Paulo. Los pueblos saben quiénes son, pero gozan de encubrimiento. Se trata de los países sin democracia, de las dictaduras del socialismo del siglo XXI, Cuba, Venezuela, Ecuador, Bolivia y Nicaragua que encubren con impunidad absoluta. En Cuba los contratos para la obras del puerto de Mariel dan señales de sobreprecios y sobornos por cientos de millones de dólares; en Venezuela son miles de millones de dólares de contratos y de un encubrimiento total; en Ecuador, Rafael Correa realizó exitosamente el encubrimiento de nombres de los corruptos para pasar la elección y se fue a Bélgica; en Bolivia Evo Morales oculta la trama de la muerte de José María Bakovic el Director del Servicio Nacional de Caminos al que la dictadura eliminó para avanzar con el lava jato boliviano en obras como la carretera de Tipnis para la que Lula viajó como promotor; en Nicaragua un eficiente control de prensa aún funciona. A todos estos regímenes, luego de la corrupción del Foro de Sao Paulo les aguarda la de los "contratos chinos" y sabe Dios que más.

Los personajes en la lista de espera de la corrupción del Foro de Sao Paulo son muchos y muy notables: son y forman parte de los grupos de poder de los Castro en Cuba, Chávez y Maduro en Venezuela, Correa en Ecuador, Evo Morales en Bolivia y los esposos Ortega en Nicaragua ¿son ellos mismos?… los pueblos parecen no tener duda pero quieren saber el detalle, con cuantos millones de dólares y cómo se recuperarán esos montos.

CUANDO EL CRIMEN ORGANIZADO SUPLANTA LA DEMOCRACIA

06 de agosto de 2017

El mundo observa en estos días el drama de Venezuela, cuyo pueblo es sometido a situaciones extremas por un régimen que decidió permanecer indefinidamente en el poder. Solo el uso indebido de la fuerza permite a la dictadura de Nicolás Maduro la ejecución de un plan criminal que reemplaza la política y la democracia, aplicando metodología fundada en la perpetración de todos los delitos que sean necesarios para lograr su propósito. La situación de Venezuela muestra en vivo lo que pasa cuando el crimen organizado suplanta la democracia y el crimen no puede ganar.

La civilización universal reconoce el principio de que los seres humanos somos libres e iguales y por eso la soberanía reside en el pueblo, esto es que "el poder político supremo que corresponde a un estado independiente" es de la gente que lo conforma, de los ciudadanos de ese estado que tienen el derecho para determinar su forma de organización, la elección de sus gobernantes, sus leyes y todo el sistema institucional que establece su forma de vida en la sociedad políticamente organizada. Por eso la democracia es "la forma de gobierno en que la que el poder político es ejercido por los ciudadanos".

De la libertad como derecho fundamental, como derecho humano, proviene el "derecho a la democracia". "Los pueblos de América tienen derecho a la democracia y sus gobiernos la obligación de promoverla y defenderla. La democracia es esencial para el desarrollo social, político y económico de los pueblos de las Américas", proclama el artículo 1 de la Carta Democrática Interamericana, que en su artículo 3 reconoce los elementos esenciales de la democracia indicando entre otros el respeto a los derechos humanos y "el acceso al poder y su ejercicio con sujeción al estado de derecho"

Las Naciones Unidas (ONU) indican que el estado de derecho es "un principio de gobernanza en el que todas las personas, instituciones y entidades, públicas y privadas, incluido el propio Estado, están sometidas a leyes que se promulgan públicamente, se hacen cumplir por igual y se aplican con independencia, además de ser compatibles con las normas y los principios internacionales de derechos humanos. Asimismo, exige que se adopten medidas para garantizar el respeto de los principios de primacía de la ley, igualdad ante la ley, separación de poderes, participación en la adopción de decisiones, legalidad, no arbitrariedad, y transparencia procesal y legal".

Crimen organizado que recibe también el nombre de "delincuencia organizada" es "toda organización compuesta por un grupo de personas con determinadas jerarquías, roles y funciones, cuyo principal objetivo es la obtención de beneficios materiales o económicos mediante la comisión de delito". La Convención de las Naciones Unidas contra la delincuencia organizada transnacional determina que por "grupo delictivo organizado" se entenderá "un grupo estructurado de tres o más personas que exista durante cierto tiempo y que actúe concertadamente con el propósito de cometer uno o más delitos graves o delitos tipificados con arreglo a la presente Convención con miras a obtener, directa o indirectamente, un beneficio económico u otro beneficio de orden material".

Estos conceptos y normas de vigencia universal prueban fehacientemente que Nicolás Maduro y su régimen son un grupo delictivo organizado parte de una organización delictiva internacional, que cometen delitos que van desde la violación de derechos humanos, asesinatos, detenciones indebidas, privaciones de libertad, acusaciones y denuncias falsas, simulación de delitos, manipulación de jueces y fiscales (muchos de ellos integran el grupo delictivo), sobornos, cohechos, falsificaciones de todo tipo, falsedad material e ideológica, uso de instrumentos falsificados, y casi todo la legislación penal vigente, hasta delitos de narcotráfico, lavado de dinero, enriquecimiento sin causa, ejercicio indebido de influencia, tantos delitos que la extensión de este trabajo no es suficiente para enumerarlos.

Maduro y su grupo criminal en Venezuela cometen delitos con evidencia y alevosía ante la opinión pública nacional y mundial. La coartada de sus crímenes son "acciones políticas" y pretenden convalidarlos y mantenerse en la impunidad por la fuerza. Son delitos infraganti por ejemplo: la convocatoria del 1 de mayo de 2017 a asamblea constituyente, la conformación del TSJ, las resoluciones de este tribunal respecto a la Asamblea Nacional, la persecución política, decenas de presos políticos, organización de grupos armados irregulares los asesinatos y heridas graves perpetrados contra manifestantes desde hace más de 120 días, el fraude electoral para imponer su constituyente, la toma de la Asamblea Nacional, el encubrimiento de la corrupción Odebrecht y cientos más.

El grupo criminal que tiene el poder en Venezuela es parte dependiente de un grupo de delincuencia organizada transnacional que podríamos llamar "castrismo" y que está dirigido desde el gobierno de Cuba e integrado además y cuanto menos por los gobiernos de Bolivia, Ecuador y Nicaragua. El castrismo comete el mismo tipo de crímenes internacionalmente y en cada uno de los países bajo su control como establece la convención de la ONU "con miras a obtener, directa o indirectamente, un beneficio económico u otro beneficio de orden material" (perpetuarse en el poder).

El crimen organizado, las dictaduras del silgo XXI defendiendo hoy su poder en Venezuela, victimando al pueblo e imponiéndose por la fuerza, está tratando de suplantar la democracia con bandera de revolucionarios, cuando en verdad son solo bandidos que integran una poderosa y peligrosa organización criminal tipificada por la ONU.

DICTADURA DE VENEZUELA, DE LA POLÍTICA A LA DELINCUENCIA ORGANIZADA

13 de agosto de 2017

Los hechos en imágenes y documentos que muestran la realidad de Venezuela, prueban ante el mundo la perpetración diaria de delitos infraganti cometidos por el gobierno convertido en un grupo que actúa concertada y criminalmente con el propósito de obtener directo beneficio político, económico e impunidad. Este grupo, con Nicolás Maduro a la cabeza, con intervención externa y con el delito como principal mecanismo, tiene el control total del poder con incalculables beneficios económicos de la corrupción y el narcotráfico. La situación ha dejado de ser política porque "la dictadura de Venezuela es un grupo de delincuencia organizada".

En algún momento, quizás desde su origen, pero ciertamente hace mucho tiempo, los actuales gobernantes de Venezuela dejaron de constituir una "organización política" y se convirtieron en un grupo de "crimen organizado". Los partidos y organizaciones políticas son "entidades de interés público que promueven la participación de los ciudadanos en la vida democrática de un estado", sus fines son lícitos y su actividad es reglada por la ley en el marco de "estado de derecho". En cambio, una organización criminal es un "grupo de más de tres personas que buscan alcanzar objetivos de riqueza, poder y hegemonía mediante la comisión de delitos". La organización criminal se convierte en "crimen organizado" o "delincuencia organizada" cuando adquiere vínculos con el poder o es el poder para ser impune.

Con estos sencillos conceptos de vigencia universal afirmados por la Organización de Naciones Unidas (ONU), nadie puede dudar que la dictadura de Venezuela encabezada por Nicolás Maduro bajo intervención cubana es un ente de delincuencia organizada, un grupo delictivo de crimen organizado, pues se trata de personas que utilizaron y utilizan el poder político para cometer infinidad de delitos que el mundo ve en tiempo real por la prensa internacional y las redes sociales. Estamos ante verdaderos con concursos delictivos, recurrentes, simultáneos e institucionalizados por el poder político de facto.

La "Convención contra la delincuencia organizada transnacional" llamada "Convención de Palermo" y adoptada el año 2000, entró en vigor el 29 de septiembre de 2003, fue ratificada por Venezuela el 13 de mayo de 2002, por Cuba el 9 de febrero de 2007, por Bolivia el 10 de octubre de 2005, por Ecuador el 17 de septiembre de 2002, por Nicaragua el 9 de septiembre de 2002, y por más de 150 estados. En su Anexo 1, Art. 2, "definiciones", establece que "por grupo delictivo organizado se entenderá un grupo estructurado de tres o más personas que exista durante cierto tiempo y que actúe concertadamente con el propósito de cometer uno o más delitos graves o delitos tipificados con arreglo a la presente Convención con miras a obtener, directa o indirectamente, un beneficio económico u otro beneficio de orden material" (el poder político es el gran beneficio material directo pues sirve para que la organización delictiva funcione y para encubrir sus delitos).

Maduro y su castrochavismo —que mutó de ser un indicativo político a convertirse en una denominación criminal— han cometido y cometen delitos para enriquecerse ilegítimamente: con corrupción que va desde el cohecho activo y pasivo en las entidades públicas como PDVSA o sobornos en contratos de construcción como Odebrecht; malversación de recursos nacionales como la distribución de dineros e intercambios en Cuba, Ecuador, Bolivia, Nicaragua, Salvador; el festinar el petróleo venezolano en el caso de Petrocaribe; delitos económicos en contratos chinos, en emisión de bonos, deudas; contratos, lobbies, servicios de relaciones públicas, compras con sobreprecios de armamento innecesario; la destrucción de la economía y el patrimonio nacionales; atribuirse los derechos del pueblo; deuda externa indeterminada…

Este grupo de delincuencia organizada perpetra delitos contra la integridad de las personas, asesinatos, secuestros, encarcelamientos ilegales, acusaciones falsas atribuyendo sus propios delitos a sus víctimas a quienes encarcela u obliga al exilio; grupos armados irregulares con los que aterroriza a la población; destruido organizaciones políticas; planeado y ejecutado delitos de falsedad material e ideológica; suplantación y fraude electoral; viola la libertad de prensa y la libertad de expresión; confiscado bienes, usurpado propiedades, forzado ventas, simulado contratos y cometido todos los delitos de la legislación penal; ha convertido a Venezuela en el eje del tráfico de drogas transformando el país en un "narcoestado" con "cárteles" señalados internacionalmente integrados por miembros y figuras prominentes civiles y militares del gobierno (grupo de delincuencia organizada).

La indicación de algunos delitos es solo enunciativa y no limitativa, pues parecería que no hay delito que el castrochavismo haya dejado de cometer en Venezuela. Su cita tiene el propósito de reiterar que se trata de delitos infraganti, muchos ya probados y casi todos encubiertos por el poder político que detenta el grupo de delincuencia organizada con el control del sistema de justicia reducido a solo un brazo del grupo criminal. El control de la justicia y la impunidad otorgan al castrochavismo la condición plena de "grupo delictivo organizado", con el que el dictador Maduro que es en verdad solo un capo, busca detentar indefinidamente el poder para ser impune.

La situación es aún más peligrosa internacionalmente al constatar que el grupo delictivo del castrochavismo de Venezuela es solamente la principal operación del grupo transnacional organizado y liderado desde la dictadura de Cuba, con acciones similares en Bolivia con Evo Morales, Ecuador con Rafael Correa (¿Moreno?), Nicaragua con Daniel Ortega, los Kirchner en Argentina y Lula Da Silva en Brasil, entre otros. Un grupo transnacional que convirtió la política en actividad criminal y los gobiernos en grupos de delincuencia organizada, con pruebas por todas partes. Creen que no pueden ser juzgados mientras están en el poder y lo retienen precisamente para continuar sus crímenes y tener impunidad.

ACCIONES CONTRA ACTOS CRIMINALES DE DICTADURA QUE USURPA FUNCIONES

20 de agosto de 2017

La dictadura castrista de Venezuela mediante su brazo de opresión que ha denominado asamblea constituyente, está procediendo a terminar con cualquier señal de democracia. El objetivo final de la constituyente dictatorial es la construcción de un sistema en el modelo de Cuba y su *trabajo inmediato es el desmantelamiento de todo lo que se oponga al poder absoluto. La constituyente de* Maduro es un organismo apócrifo, que no tiene ninguna legalidad ni legitimidad, es un órgano de facto, por lo que sus actos y ordenes son hechos delictivos que nadie puede ni debe cumplir, ya que los actos de quienes usurpan funciones o ejercen jurisdicción o potestad que no emana de la ley son nulos de pleno derecho y existen acciones legales para defender la democracia.

Para que el acto de un órgano o funcionario público sea válido debe estar fundado en la legal composición del órgano o designación del funcionario, debe poseer la capacidad conferida por ley que se conoce como competencia, y debe tratarse de una decisión que esté en el marco de su potestad entendida como "el dominio, poder, jurisdicción o facultad que se tiene sobre algo". Cuando esos elementos no existen, el acto u orden es solo crimen, actos delictivos que se conocen y están tipificados como "usurpación de funciones", "suplantación de autoridad", "atribuirse los derechos del pueblo", "conspiración".

La constituyente dictatorial de Venezuela desde el momento mismo en que tomó por la fuerza las instalaciones de la Asamblea Nacional ha cometido solamente actos nulos de pleno derecho que no pueden ser obedecidos ni tomados en cuenta por ningún ciudadano, por ningún estado, ni por ninguna organización, pero además de la nulidad, sus miembros cometieron delitos. Esa mezcla dictatorial de acto nulo y delictivo ha continuado ilimitadamente por la constituyente de Maduro al "atribuirse todos los derechos del pueblo venezolano", y aquellos como la destitución de la Fiscal y la pretendida eliminación de la Asamblea Nacional.

Todos los actos que realiza Nicolás Maduro como dictador, y ahora la constituyente dictatorial de Venezuela: 1) Son nulos de pleno derecho porque el órgano que los emite no tiene origen legal, no posee capacidad legal ni competencia y no tiene potestad que emane de la ley. 2) Son delitos infraganti que inculpan a todos sus actores y los incluye en el marco del régimen de delincuencia organizada que hoy controla Venezuela, con las consecuencias personales y patrimoniales que eso implica de acuerdo a la Convención de Palermo. 3) Son acciones de facto de la dictadura que ha elegido como instrumento de gobierno una mezcla explosiva de acto nulo, ilegal y violatorio de los derechos humanos con delitos de la mayor gravedad, de un régimen criminal.

Frente a esta situación de atropello y delincuencia extremos contra una sociedad indefensa cuyos derechos humanos y fundamentales son violados a diario, la teoría del derecho, los principios de la ciencia política y la historia señalan el camino de la defensa de la libertad, porque la democracia no es inerme, no es indefensa y no puede serlo. De ahí resultan urgentes acciones para reponer el estado de derecho en Venezuela. Como la situación de Venezuela ya incumbe y tiene efectos en todas las Américas y en el mundo, a continuación algunas sugerencias fundadas en la necesidad de que los defensores de la democracia tomen iniciativa y no sean solo reactivos a los acciones de la dictadura:

1. Una primera acción de desconocimiento y resistencia civil que el pueblo venezolano y su oposición ya está ejercitando. Nadie puede reconocer y menos cumplir las órdenes delictivas de la dictadura y empezando por la Asamblea Nacional, sus miembros, los Magistrados legítimos, la Fiscal y los organismos legales de Venezuela deben continuar en sus funciones abiertamente, en la clandestinidad o en el exilio, y los gobiernos del mundo deben reconocerlos como tales. Continuar es ejercer, la fiscal acusando, organizando una oficina, levantando procesos, actuando; los Magistrados ejerciendo jurisdicción, emitiendo fallos y resoluciones; la Asamblea Nacional reuniéndose y tomando determinaciones para afrontar la crisis, proteger al pueblo y restaurar la democracia.

2. La Asamblea Nacional debería nombrar el tan repetido y planteado "gobierno de transición" que reemplace al del dictador Maduro, porque al constituir un nuevo gobierno —así sea en el exilio— crean un sujeto de derecho interno e internacional que debe ser objeto de reconocimiento por los gobiernos democráticos del mundo; adquieren capacidad legal de "Poder Ejecutivo" en ámbito interno e internacional, pueden disputar la representación en organismos internacionales como las Naciones Unidas (ONU), la Organización de Estados Americanos (OEA) y otros; deslegitiman rápidamente al régimen castrista de Maduro, forzando claridad en las posiciones de los gobiernos democráticos y de los enemigos de la democracia. Hay ejemplos históricos muy notables de gobiernos en el exilio como el de Charles De Gaulle.

3. La Asamblea Nacional y el gobierno de transición deberían pedir a la comunidad internacional, empezando por el Consejo de Seguridad de la ONU, la OEA, la Unión Europea y a cada uno de los países democráticos, incluir en las listas de búsqueda y detención de criminales a los miembros de la dictadura de Venezuela, empezando por Maduro, en función de la Convención de Palermo de la ONU, para que los incluidos en esa lista sean perseguidos y detenidos por la Interpol y los órganos de seguridad de cualquier país del mundo con el objeto de responder a los crímenes cometidos y en ejecución contra el pueblo venezolano. La tipificación, acusación y prueba debe ser documentada de inmediato por la Fiscal en el exilio.

Son solo tres sugerencias, pero hay muchas más que se pueden hacer legalmente para que la comunidad internacional ayude rápido y bien a recuperar la democracia en Venezuela en base al principio de que los actos de quienes usurpan funciones son nulos y punibles.

APLICAR CONVENCIÓN DE PALERMO A MADURO Y SU ORGANIZACIÓN CRIMINAL

27 de agosto de 2017

El régimen de Venezuela ha dejado de ser una cuestión política y se ha convertido en un asunto de delincuencia organizada, y así debe ser tratado por las democracias del mundo. Nicolás Maduro y su aparato delinquen a diario para obtener dos tipos de beneficio material, que son los "activos tangibles" de dinero y riqueza, y el "incorporal o intangible" de la permanencia indebida en el poder con fines de impunidad. Las democracias del mundo pueden y deben aplicar la Convención de Palermo sobre crimen organizado transnacional, personalmente a Nicolás Maduro y a los miembros de su organización.

La "Convención de las Naciones Unidas contra la Delincuencia Organizada Transnacional" vigente para Venezuela, para todos los países de las Américas y el resto del mundo, determina que por "grupo delictivo organizado se entenderá un grupo estructurado de tres o más personas que exista durante cierto tiempo y que actúe concertadamente con el propósito de cometer uno o más delitos graves o delitos tipificados con arreglo a la presente Convención, con miras a obtener, directa o indirectamente, un beneficio económico u otro beneficio de orden material". Señala que por "delito grave se entenderá la conducta que constituya un delito punible con una privación de libertad máxima de al menos cuatro años o con una pena más grave".

Esta misma norma internacional, también conocida como Convención de Palermo, comprende "definiciones" que describen las actuaciones de Nicolás Maduro y de los miembros de su régimen, ministros, militares y civiles, embajadores, funcionarios, nacionales y extranjeros, y los miembros de la apócrifa asamblea constituyente, cuando indica que, por "grupo estructurado se entenderá un grupo no formado fortuitamente para la comisión inmediata de un delito…"; por bienes se entenderá "los activos de cualquier tipo, corporales o incorporales, muebles o inmuebles, tangibles o intangibles, y los documentos o instrumentos legales que acrediten la propiedad u otros derechos sobre dichos activos"; por producto del delito se entenderá "los bienes de cualquier índole derivados u obtenidos directa o indirectamente de la comisión de un delito".

Maduro lidera un "grupo estructurado de delincuencia" al que llama gobierno, donde él y los miembros de su gabinete, sus militares, asambleístas, jueces, fiscales, autoridades electorales, diplomáticos, encargados de la represión, directores de empresas públicas, operadores de comunicación oficialista, carceleros… y todos los altos cargos que ostentan poder en el régimen, actúan concertadamente para cometer delitos graves, persecuciones, suplantaciones, privación de libertad, acusaciones y denuncias falsas, sentencias infames, torturas, traición a la Patria, corrupción en todas su formas, narcotráfico, violaciones a los derechos humanos, asesinatos, asociaciones delictivas, enriquecimiento ilícito, encubrimiento… al punto que parece no existir un delito de la legislación penal venezolana y de los países de las Américas —sancionado con pena privativa de libertad de más de cuatro años— que este grupo delictivo no haya cometido.

Solo hay que revisar las noticias, periódicos, videos y revistas, ver las imágenes de las redes sociales, escuchar las declaraciones de Nicolás Maduro y de los miembros de su "grupo estructurado delictivo organizado", ver la prueba de las denuncias ante organismos internacionales de derechos humanos y el día a día del pueblo venezolano para constatar la "comisión diaria de delitos infraganti". Estados democráticos del mundo como Brasil, Colombia, Panamá, México, Estados Unidos, Argentina, Costa Rica, España y muchos más tienen información y pruebas de la comisión de delitos por parte de Maduro y su grupo criminal, que incluso han tenido efecto, continuidad y/o aplicación en los territorios de estos países, algunos de los cuales —como Estados Unidos— han empezado a aplicar disposiciones legales contra miembros del grupo delictivo, pero aún no han invocado la Convención de Palermo.

Además de los miles de millones de dólares que los miembros del grupo delictivo castrochavista de Venezuela tienen y obtienen por la comisión de delitos de corrupción, narcotráfico, extorsiones, confiscaciones, tráfico de influencias, suplantación, falsificación de documentos y otros hay que considerar que la comisión de delitos como la acusación y denuncia falsas, la suplantación de los órganos del poder público, la persecución, los asesinatos, las torturas, los encarcelamientos ilegales, el amedrentamiento y otros les producen el beneficio material de permanecer ilegítima e ilegalmente en el poder para encubrir sus crímenes. Hay entonces dos tipos de "beneficio material" que obtienen los criminales empoderados en Venezuela: los "activos tangibles" del dinero fruto de sus delitos y el "incorporal o intangible", que se deriva de la permanencia indebida en el poder con fines de impunidad.

No se trata de retirar un gobierno o terminar con una mala administración porque esas son cuestiones de índole política. Se trata de que por la naturaleza del régimen y las acciones delictivas de Maduro y su entorno, son criminales que controlan el poder político y se los debe acusar y capturar en lo personal e individual. Son los delincuentes que operando como un "grupo de delincuencia organizada" retienen hoy —por la fuerza y de hecho— el poder político, militar y económico de Venezuela, que es parte de su botín.

La Convención de Palermo también enseña que para aplicarla no es necesario que los delitos se cometan en el territorio del estado afectado, lo que permite a los gobiernos democráticos de las Américas, acusarlos en su propio territorio. Para perseguir criminales reincidentes con alcances internacionales no hay alegato de "soberanía", porque crímenes como el asesinato, la tortura, el narcotráfico, la asociación delictiva transnacional… no tienen protección política y no incumben a la soberanía por cuanto no son actos de Estado, sino de criminales en el Estado. Solo falta que la lista de delincuentes, con Nicolás Maduro a la cabeza, sea objeto de acusación y orden de captura internacional para que puedan ser detenidos por la Interpol o por cualquier policía del mundo dentro de su jurisdicción.

La aplicación de la Convención de Las Naciones Unidas sobre delincuencia transnacional organizada es un imperativo y su invocación, así sea por un solo gobierno democrático del mundo, deslegitimará inmediatamente a los detentadores criminales del poder en Venezuela, impidiéndoles la acción a nombre de un Estado al que retienen sometido solo como parte del beneficio material de sus crímenes, que es precisamente la materia de aplicación de esta Convención.

APLICAR CONVENCIÓN DE PALERMO POR "EFECTOS SUSTANCIALES EN OTRO ESTADO"

03 de septiembre de 2017

La Convención de las Naciones Unidas contra la delincuencia organizada transnacional (Convención de Palermo) es la disposición legal para acusar, investigar, juzgar y capturar a Nicolás Maduro y los individuos que, para obtener beneficios materiales, han cometido y cometen delitos graves contra la vida, la libertad, el estado, la economía y la humanidad, detentando ilegalmente el poder político con fines de impunidad en Venezuela. La competencia está abierta en varios países del mundo pues la Convención se aplica incluso al delito que "se comete en un solo Estado, pero tiene efectos sustanciales en otro Estado".

El artículo 4 de la Convención de Palermo establece que ésta se "aplicará a la prevención, investigación y el enjuiciamiento" de los "delitos que tengan carácter transnacional y entrañen participación de un grupo delictivo organizado". Califica que el "delito será de carácter transnacional si: "a) Se comete en más de un Estado; b) Se comete dentro de un solo Estado pero una parte sustancial de su preparación, planificación, dirección o control se realiza en otro Estado; c) Se comete dentro de un solo Estado pero entraña la participación de un grupo delictivo organizado que realiza actividades delictivas en más de un Estado; o, d) Se comete en un solo Estado pero tiene efectos sustanciales en otro Estado".

En el caso de Maduro y sus cómplices se pueden aplicar todos los incisos que califican el delito como transnacional, ya que, dependiendo del delito, el grupo de delincuencia organizada que tiene el poder en Venezuela, ha incurrido en todos incluyendo el planificar y realizar actividades delictivas en varios estados. El delito de narcotráfico por ejemplo es transnacional por las cuatro causas o incisos de calificación y la competencia está abierta en todos los estados que se usan como puntos de tránsito o destino de la droga que ha hecho de Venezuela un narcoestado; en los delitos económicos como la corrupción en el caso Odebrecht aplican también las cuatro causas y son competentes por lo menos en el país de origen de la constructora y los estados por los que hayan circulado o depositado los fondos mal habidos. En estos dos casos, España, Panamá, Brasil, y Estados Unidos pueden aplicar la Convención de Palermo y perseguir a los criminales, y no solo retener fondos o imponer multas.

Además de los delitos económicos, uno de los asuntos más importantes de la Convención de Palermo, que la hace aplicable en todos los estados de las Américas y Europa, es el de los delitos contra la vida, la libertad y la integridad de los venezolanos. Solo en los últimos cinco meses y a ojos vista de todo el mundo, con registros de televisión y videos Maduro y su grupo delictivo, de manera infraganti, han asesinado más de 150 personas, han privado de libertad a cerca de 5.000, han causado daños personales graves que van desde la tortura hasta el apaleamiento a miles de personas. Desde hace muchos meses más han provocado una crisis de falta de alimentos y medicinas que a su vez produjo y produce la muerte de miles de personas forzando a los ciudadanos —entre otras cosas— a abandonar su país, han generado "migración forzada por causa delictiva".

Los delitos contra la vida, la libertad, la integridad y la seguridad de las personas, el narcotráfico y los delitos comunes, NO son hechos políticos y no pueden ser considerados un asunto solamente de orden interno de Venezuela porque tienen grandes y graves efectos internacionales. Se trata de un conjunto de acciones premeditadas, organizadas y ejecutadas con el propósito de que Nicolás Maduro y su grupo retengan el poder para garantizar la impunidad que necesitan para cubrir los cientos de crímenes que de manera continuada y sostenida han cometido y cometen para obtener grandes beneficios materiales dentro y fuera de Venezuela, con el beneficio de haberse apropiado del Estado para seguir delinquiendo.

Los integrantes del régimen de Maduro han rebasado el ámbito de la política, no pueden amparar sus delitos en el argumento de ser un gobierno ni en el concepto de soberanía. El control Venezuela por un grupo de delincuencia organizada y la comisión diaria de delitos que tienen efecto en todo el mundo NO ES UN ASUNTO INTERNO de un estado porque está tipificado como UN ASUNTO DE CRIMEN ORGANIZADO transnacional y así debe ser tratado. Los efectos de los crímenes pueden verse simplemente con los miles de forzados migrantes venezolanos en Panamá, Brasil, Colombia, Perú, Chile, Argentina, Estados Unidos, México, Canadá, España… ¡¿Continuarán los gobiernos sin atacar la causa!?

El Derecho Internacional está señalando el camino y los gobiernos de los estados democráticos de las Américas, hasta hace poco complacientes y ahora también víctimas del grupo de delincuencia organizada de Maduro, no pueden rehusar la aplicación de la Convención de Palermo abriendo investigaciones y causas en sus propios sistemas de justicia y requiriendo la captura internacional de los investigados, cuyos nombres deben comprender —por lo menos— a Nicolás Maduro, a los miembros de su denominado Gobierno, civiles y militares, y los componentes de la apócrifa Asamblea Constituyente convertida en el renovado instrumento de comisión de delitos.

Los gobiernos de los estados democráticos de las Américas y del mundo están ante la opción de cumplir su obligación de proteger a sus pueblos y a sus Estados abriendo investigaciones, procesando y capturando a los miembros del grupo de delincuencia organizada de Nicolás Maduro que usurpa hoy Venezuela (en lugar de tratarlo como igual), o convertirse en sus cómplices y seguir sufriendo las consecuencias que van desde las migraciones forzadas, el narcotráfico, el lavado de activos y más, hasta la desestabilización y el sostenimiento del terrorismo internacional.

EL ANTIIMPERIALISMO COMO COARTADA PARA CONSTRUIR NARCOESTADOS

05 de noviembre de 2017

Los regímenes de Cuba con los Castro, Venezuela con Chávez y Maduro, Bolivia con Evo Morales, Nicaragua con Daniel Ortega y Ecuador con Rafael Correa, se han proclamado "antiimperialistas" contra los Estados Unidos y con ese fundamento han recreado y desarrollado diferentes formas de causar daño, debilitar, desprestigiar y pretender derrotar a su enemigo el imperialismo norteamericano. Han derrocado gobiernos, controlan organismos e instituciones, soportan guerrillas y terroristas, ejercen control de prensa, han instituido nuevas dictaduras, implementado regímenes de delincuencia organizada y usan el antiimperialismo como coartada para construir narcoestados.

El antiimperialismo es una expresión política de fines del siglo XIX, utilizada por el inglés Jeremy Bentham, y su impulso en América se atribuye a Mark Twain, cuando en 1898 fundó la Liga Antiimperialista de los Estados Unidos para oponerse a la acción estadounidense en la guerra de independencia en Cuba. Twain consideraba a José Martí como "el primer formulador del pensamiento antiimperialista de América Latina" que "relacionaba desde su mismo origen el pensamiento antiimperialista con el sentimiento antinorteamericano". Según Twain, Martí sostuvo que "los pueblos de América

Latina son más libres y prósperos a medida que se apartan más de los Estados Unidos".

El antiimperialismo sirvió a los movimientos de guerrilla castrista en la región. En la década de los setenta, el antiimperialismo formuló un programa político económico conocido como "programa de liberación nacional" fundado en la "independencia, soberanía y autodeterminación, oposición al imperialismo, antiamericanismo, industrialismo, promoción del mercado interno, rechazo a las empresas multinacionales, nacionalizaciones, empresas estatales, tercermundismo, unidad latinoamericana…". En el siglo XXI, Castro, Chávez, Correa, Morales y Ortega difundieron ampliamente la vigencia del antiimperialismo considerando que "la globalización en si misma es un fenómeno imperialista" y aplicando programas estatistas, nacionalizadores y tercermundistas plagados de corrupción que han llevado a sus pueblos a crisis y retrocesos de consecuencias aún imprevisibles.

La invocación del antiimperialismo ha servido a los gobernantes del sistema "castrochavista" para acabar con las democracias en Venezuela, Bolivia, Nicaragua, Ecuador…expandiendo el modelo castrista de Cuba con el control absoluto del poder, la desaparición del estado de derecho, el uso de la justicia para la persecución política encarcelamiento y exilio de opositores, el control de prensa, la manipulación electoral con la institucionalización del fraude y el ventajismo oficialista, la violación sistemática de los derechos humanos, la creación de "leyes infames" que garantizan su impunidad, la permanencia indefinida en el ejercicio del poder ……

El antiimperialismo también se ha usado para convertir a Venezuela (el país con las reservas petroleras más grandes del mundo) en un país con crisis humanitaria, hambre y miseria. Los regímenes antiimperialistas de Cuba, Venezuela, Bolivia, Ecuador y Nicaragua, unos más pronto que otros, llevan a sus pueblos al abismo de deudas multimillonarias de montos secretos, al entreguismo de recursos naturales a chinos, rusos, iraníes, al retroceso tecnológico, al despilfarro del boom de los precios de las materias primas, al desarrollismo que trae más pobreza, a la corrupción sin límites como el caso Odebrecht, a la creación de nuevos ricos en las familias y los entornos de Castro, Chávez, Maduro, Morales, Correa y Ortega.

Antiimperialismo es la "justificación ideológica" para instalar narcoestados y sostenerlos. Los regímenes del castrochavismo han puesto énfasis en el aliento y el crecimiento del narcotráfico con destino a los Estados Unidos como parte del componente de "antiamericanismo" del antiimperialismo, hasta el punto de lograr que hoy Venezuela con Nicolás Maduro y Bolivia con Evo Morales sean señaladas como narco estados, o sea como países "cuyas instituciones políticas se encuentran influenciadas por el narcotráfico y cuyos dirigentes desempeñan simultáneamente cargos como funcionarios gubernamentales y miembros de las redes de tráfico, amparados por sus potestades legales".

El concepto de "narcoestado" se cumple en el caso venezolano por el proceso judicial a los sobrinos de Maduro que ya admitieron que traficaban con drogas de las FARC, o el caso del "pollo Carvajal" liberado de manos de la DEA en un operativo oficial de estado (narco) de Venezuela, o el caso de Tareck El Aissami designado vicepresidente por el mismo Maduro… y más. Se indica a Bolivia como "narcoestado" pues el Jefe Estado y de Gobierno Evo Morales es también el Jefe de los Sindicatos Cocaleros, que en su gestión han incrementado sus cultivos de coca ilegal (y con ellos de producción de droga) de 3.000 a más de 40.000 hectáreas y la coca legal de 12.000 a 20.000 hectáreas; el máximo jefe antinarcóticos de Evo Morales fue capturado en Panamá y condenado en Estados Unidos por narcotráfico; detenciones recientes en Brasil y Argentina muestran a miembros del gobierno de

Morales como narcos mientras sus funcionarios y publicistas difunden noticias falsas contra opositores perseguidos y exiliados.

El semanario *Veja,* de Brasil, acaba de ofrecer datos actuales de presuntos "nexos entre La Paz, La Habana y los carteles mexicanos que introducen droga en suelo norteamericano". El libro *El Rey de la Cocaína: mi vida con Roberto Suarez Gómez y el nacimiento del primer narcoestado* (Amazon.com) ofrece datos precisos sobre el rol del dictador Castro y su régimen en el tráfico de drogas desde los setentas. La relación FARC desde Colombia, Bolivia, Venezuela, Cuba, está fuera de duda en política, violencia y logística (narco). El incremento en la producción de cocaína está señalado como fuente de soporte a grupos terroristas islámicos también proclamados antiimperialistas. El antiimperiaismo es una coartada de los regímenes de delincuencia organizada que usan el narcotráfico como "arma antiimperialista".

¿CUÁNTO ES Y DÓNDE ESTÁ EL DINERO DE LA CORRUPCIÓN CASTROCHAVISTA?

17 de diciembre de 2017

"Castrochavismo" es el acrónimo de la organización transnacional resultante de la unión entre Fidel Castro y Hugo Chávez gobernantes de Cuba y Venezuela, que con las "capacidades subversivas" de la dictadura cubana y el "dinero del petróleo" venezolano, recrearon y expandieron desde 1999 el plan criminal de comunismo castrista, antidemocrático, con discurso antiimperialista. Una de sus características esenciales es la operación como delincuencia organizada que señala claramente a sus autores, pero plantea la necesidad de establecer cuánto y dónde está el dinero de la corrupción castrochavista para retornarlo a los pueblos víctimas del saqueo.

El castrochavismo se llamó "movimiento bolivariano", proyecto "alba" y "socialismo del siglo XXI". Ocupó Argentina con el régimen de los Kirchner y Brasil con Lula y Rousseff; agrupa hoy los regímenes de Cuba, Venezuela, Bolivia y Nicaragua, con Ecuador en curso de salida y resultados iniciales; controla los países del "petrocaribe" con los que sostiene una frágil y desacreditada posición en la Organización de Estados Americanos; está presente en la política europea con su operación en España; mantiene alianzas con Corea del Norte, China, Rusia, Irán cuya expansión en Latinoamérica permitió y favorece.

La corrupción "en las organizaciones, especialmente en las públicas, se define como la práctica consistente en la utilización de las funciones en aquellas en provecho económico o de otra índole de sus gestores". El término proviene del latín "corruptio, corruptionis" y del prefijo de intensidad "con y rumpere" que significa "romper, hacer pedazos". La corrupción hace pedazos, destroza la sociedad, la economía, la democracia y el estado como lo demuestran Cuba, Venezuela, donde van Bolivia y Nicaragua. Miseria, crisis y confrontación.

En la construcción y gestión del castrochavismo, para mantener el poder a perpetuidad, la corrupción es su elemento esencial que construye complicidades como si fueran lealtades, cohesión y sobrevivencia. Es el medio de enriquecimiento de entornos y familiares para la creación de nuevos grupos de poder económico con miembros del régimen. Forma parte de la metodología de control político que crea complicidades, atrae ambiciosos e inescrupulosos en una nueva burguesía corrupta. Se trata de la construcción de un auténtico sistema de delincuencia organizada con "careta de política y empresa".

La corrupción creada por el castrochavismo —porque sin el poder político de Lula y Chávez no hubiera sido posible— que hoy se conoce como caso Odebrecht ha revelado que, solamente en Brasil, Argentina, Colombia, Ecuador, Guatemala, Republica Dominicana, Venezuela, México, Panamá y Perú, el monto de la corrupción ronda los 2.000 mil millones de dólares. Brasil, Venezuela y Dominicana tienen las cifras más altas.

Hasta ahora no se ha tocado la corrupción del régimen de Cuba con Odebrecht respecto a las obras el puerto de Mariel de las que investigaciones de prensa denuncian un sobreprecio de hasta el 300%. Tampoco se han ha llegado a los sobreprecios de los contratos de las restantes empresas brasileras (OAS, Andrade Gutiérrez, Queiroz Galvao y otras) que bajo el mismo sistema operaron en Bolivia y otros países, donde ejecutaron proyectos como la carretera que invade la zona protegida indígena del TIPNIS, o la persecución política con muerte incluida del Director el Servicio Nacional de Caminos José María Bakovic que impedía la corruptela Morales-Lula.

Investigaciones del *El País* muestran que solo de la empresa Petróleos de Venezuela (PDVSA) "ex ministros y testaferros de políticos del gobierno de Venezuela durante la presidencia de Hugo Chávez (1999-2013) ocultaron más de 2.000 millones de Euros en Andorra". El gobierno de Estados Unidos estableciendo sanciones a los miembros de la dictadura de Venezuela ha congelado miles de millones de dólares en activos que tienen como único origen el ejercicio del poder político dictatorial y que obviamente proceden de la corrupción.

Inversiones de castrochavistas proliferan en los países democráticos a la sombra de la libertad y el capitalismo a los que los nuevos ricos combaten y aniquilan en los países que tienen sometidos y de donde obtienen sus ilícitos recursos. Los ciudadanos no tienen duda de la corrupción Kirchner en Argentina, tampoco de la Lula en Brasil, y con el retorno a las condiciones de democracia en esos países los juicios avanzan, hay procesados y encarcelados. Perú tiene encarcelados al expresidente Humana y su esposa, buscado a Alejandro Toledo y en antejuicio a PPK.

La señal clara es que cuando hay "respeto a los derechos humanos y las libertades fundamentales", "estado de derecho", "división e independencia de los poderes públicos", "libertad de prensa" (elementos esenciales de la democracia), existen juzgamientos y sanciones a los autores de la corrupción como lo demuestran Argentina, Brasil, Perú, Estados Unidos, Canadá, Europa. Donde influye el castrochavismo hay acciones parciales que dan la señal de estar protegiendo a los principales como Dominicana, Colombia, Salvador. Donde hay perspectiva de salida de la dictadura castrochavista como Ecuador se ven señales iniciales como la condena del Vicepresidente. Donde se mantienen las dictaduras castrochavistas, en Cuba, Venezuela, Bolivia y Nicaragua, el encubrimiento es total.

En todos los países tocados por el castrochavismo la gente pregunta: "¿cuánto es el monto la corrupción?"; "¿dónde está el dinero de la corrupción?"; "¿cómo y cuándo se recuperará el dinero de la corrupción?". Sin duda lo primero es terminar con las dictaduras castrochavistas que retienen ilícitamente el poder por necesidad de impunidad.